Seconde baccalauréat professionnel

MÉTIERS DE LA RELATION CLIENT

Houria BOUSAÏD
Nahima BOUSAÏD

Éditions BERTRAND-LACOSTE
20-28 rue Saint-Germain-l'Auxerrois – 75001 PARIS

SOMMAIRE

ACTIVITÉ 2 – Assurer le suivi de la relation client

ACTIVITÉ 3 – Collecter et exploiter l'information

ACTIVITÉ 4 – Construire son projet d'orientation progressive

Compétence 11 : Intégrer la seconde

Compétence 12 : Découvrir les métiers de la relation client

Compétence 13 : Déterminer son projet professionnel

Photos : Istock

ISBN : 978-2-7352-**2527**-9

Éditions Bertrand-Lacoste, Paris, 2019.

Repères pour les compétences communes
Seconde Famille de métiers de la relation client

<table>
<tr><th rowspan="2">Seconde Famille des Métiers de la relation Client</th><th rowspan="2">Baccalauréat Métiers de l'accueil</th><th colspan="2">Baccalauréat Métiers du Commerce et de la Vente</th></tr>
<tr><th>Option A : Animation et gestion de l'espace commercial</th><th>Option B : Prospection clientèle et valorisation de l'offre commerciale</th></tr>
<tr><td rowspan="2">Intégrer la relation client dans un cadre « omnicanal »
• Prendre contact
• Identifier le besoin
• Identifier le client et ses caractéristiques
• Proposer une solution adaptée au parcours client</td><td rowspan="2">Bloc 1 – Gérer l'accueil multicanal à des fins d'information, d'orientation et de conseil
• 1.1 Gérer simultanément les activités
• 1.2 Prendre contact avec le public
• 1.3 Identifier la demande
• 1.4 Traiter la demande
Bloc 3 – Gérer la relation commerciale
• 3.1 Contribuer au développement de la relation commerciale</td><td colspan="2">Bloc 1 – Conseiller et vendre
• Réaliser la vente dans un cadre omnicanal
Bloc 3 – Fidéliser la clientèle et développer la relation client
• Contribuer à des actions de fidélisation de la clientèle et de développement de la relation client</td></tr>
<tr><td>Bloc 4A – Animer et gérer l'espace commercial
• Rendre l'unité commerciale attractive et fonctionnelle
• Développer la clientèle</td><td>Bloc 4B – Prospecter et valoriser l'offre commerciale
• Mettre en œuvre une opération de prospection</td></tr>
<tr><td rowspan="2">Assurer le suivi de la relation client
• Gérer le suivi de la demande
• Satisfaire le client
• Fidéliser le client</td><td rowspan="2">Bloc 2 – Gérer l'information et des prestations à des fins organisationnelles
• 2.2 Gérer des prestations internes et externes
Bloc 3 – Gérer la relation commerciale
• 3.1 Contribuer au développement de la relation commerciale
• 3.2 Satisfaire et fidéliser le public
• 3.3 Gérer les réclamations</td><td colspan="2">Bloc 2 – Suivre les ventes
• Assurer le suivi de la commande du produit et/ou du service
• Mettre en œuvre le ou les services associés
• Traiter les retours et les réclamations du client
• S'assurer de la satisfaction du client
Bloc 3 – Fidéliser la clientèle et développer la relation client
• Contribuer à des actions de fidélisation de la clientèle et de développement de la relation client</td></tr>
<tr><td>Bloc 4A – Animer et gérer l'espace commercial
• Assurer les opérations préalables à la vente</td><td>Bloc 4B – Prospecter et valoriser l'offre commerciale
• Valoriser les produits et/ou services</td></tr>
<tr><td rowspan="2">Collecter et exploiter l'information dans le cadre de la relation client
• Assurer la veille informationnelle et commerciale
• Traiter et exploiter l'information
• Diffuser l'information</td><td rowspan="2">Bloc 2 – Gérer l'information et des prestations à des fins organisationnelles
• 2.1 Gérer l'information
Bloc 3 – Gérer la relation commerciale
• 3.2 Satisfaire et fidéliser le public</td><td colspan="2">Bloc 1 – Conseiller et vendre
• Assurer la veille commerciale
Bloc 2 – Suivre les ventes
• Mettre en œuvre le ou les services associés
Bloc 3 – Fidéliser la clientèle et développer la relation client
• Traiter et exploiter l'information ou le contact client
• S'assurer de la satisfaction du client</td></tr>
<tr><td>Bloc 4A – Animer et gérer l'espace commercial
• Assurer les opérations préalables à la vente</td><td>Bloc 4B – Prospecter et valoriser l'offre commerciale
• Rechercher et analyser des informations à des fins d'exploitation
• Mettre en œuvre une opération de prospection</td></tr>
</table>

Présentation de l'ouvrage

Cet ouvrage à destination des classes de Seconde professionnelle Métiers de la Relation Client, est construit autour des **compétences communes** extraites des référentiels des baccalauréats Métiers de l'accueil et Métiers du Commerce et de la Vente options A et B :

- Intégrer la relation client dans un cadre omnicanal
- Assurer le suivi de la relation client
- Collecter et exploiter l'information dans le cadre de la relation client

Une dernière compétence « Construire son projet d'orientation progressive » permet d'accompagner l'élève de manière adaptée et personnalisée dans la formulation de ses intentions d'**orientation pour la classe de Première**.

Chaque compétence est traitée, dans un cadre omnicanal, autour de trois éléments.

Un **cas** immergeant l'élève dans un **cadre professionnel** lui permet de découvrir les compétences. Il analyse les **documents** proposés et exécute les **tâches** demandées en remplissant les **annexes** fournies.

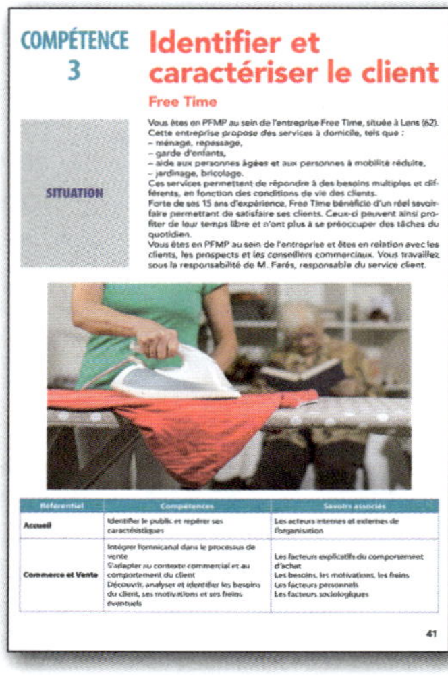

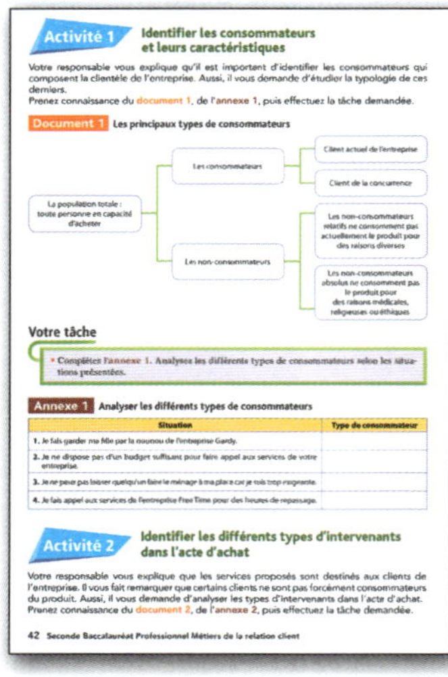

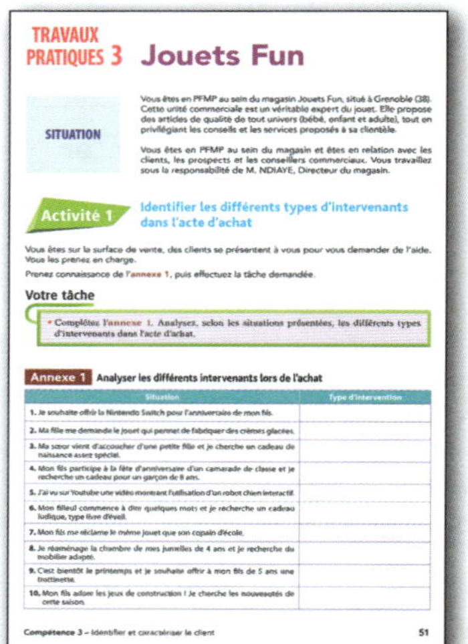

Une **phase de travaux pratiques**, qui facilite et conforte la validation des compétences dans un autre contexte professionnel.

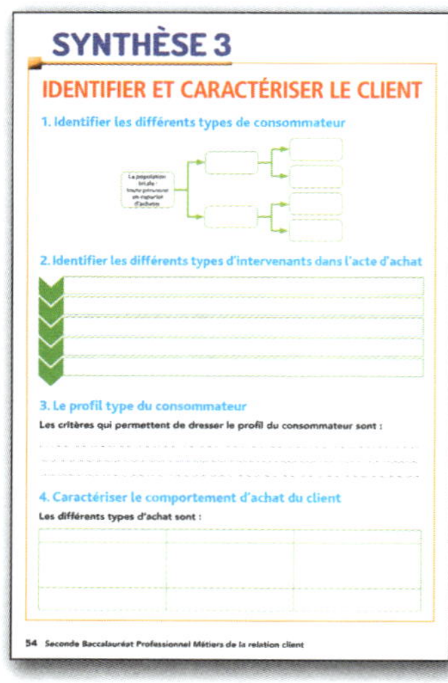

Une **synthèse** qui reprend, conforte et consolide les compétences et savoirs développés dans le cas et le TP.

Activité 1

Intégrer la relation client dans un cadre ominicanal

COMPÉTENCE 1 Prendre contact

Lapierre Immobilier – Agence immobilière

SITUATION

Vous êtes en PFMP à l'agence Lapierre Immobilier, située à Courdimanche (95).
Déjà présente dans plusieurs communes de l'agglomération de Cergy-Pontoise, cette agence immobilière indépendante, forte de sa notoriété et de ses 50 ans d'expérience, étend son réseau en ouvrant une nouvelle agence en cœur de ville.

Vous êtes sous la responsabilité de Mme PELLETIER, directrice d'agence, et travaillez en étroite collaboration avec les agents de l'agence.

Référentiel	Compétences	Savoirs associés
Accueil	Identifier le public et repérer ses caractéristiques	Les acteurs internes et externes de l'organisation Les caractéristiques du public
	Recevoir le visiteur	L'accueil multicanal Les salutations La prise de contact en face à face et à distance
Commerce et Vente	Respecter les normes vestimentaires de la profession	Les bases de la communication Communication écrite orale digitale Les registres de langue Le verbal et le non verbal Les outils de communication
	Accueillir le client conformément aux règles de l'entreprise	

Activité 1 Respecter les normes vestimentaires de la profession

Vous venez d'intégrer l'agence. Votre responsable vous explique qu'il faut faire bonne impression dès la prise de contact avec le client. Elle vous demande de veiller à votre tenue vestimentaire.

Prenez connaissance des documents 1 et 2, de l'annexe 1, puis effectuez la tâche demandée.

Document 1 La présentation du commercial

On n'a jamais une seconde chance de faire bonne impression.
La première impression du client a une importance capitale dans sa relation et son attitude face au vendeur. Vous avez peut-être déjà entendu ces remarques : « ce vendeur ne m'inspire pas confiance » ou « cette agence ne donne pas envie de revenir ».
Le premier message que nous adressons au client, c'est notre tenue vestimentaire, notre « look ».
Voici, une liste des règles élémentaires à respecter par le commercial pour être présentable :

- Les règles d'hygiènes sont respectées : mains propres, ongles coupés, coiffure soignée.
- La tenue vestimentaire correspond à l'image de notre agence et donc à ses clients.
- Le comportement professionnel confirme votre discours, votre attitude et favorise la négociation. Votre posture, votre démarche, vos gestes, votre regard et votre sourire doivent inspirer confiance.

Vous êtes l'image vivante de l'entreprise.

Document 2 La tenue professionnelle

Vestiaire 1

Vestiaire 2

Vestiaire 3

Vestiaire 4

Votre tâche

1. Exprimez l'impression que doit avoir un client en entrant dans l'agence.

....

....

2. Complétez l'**annexe 1** en analysant les différents vestiaires :
   a) Identifiez chaque élément composant les différents vestiaires proposés.
   b) Indiquez si le vestiaire correspond aux attentes de l'agence. Justifiez.

3. Expliquez la phrase suivante : « l'agent immobilier est l'image vivante de l'agence ».

....

....

Annexe 1 Analyse des vestiaires

Vestiaire	Éléments du vestiaire	Adapté		Justification
		Oui	Non	
1		☐	☐	
2		☐	☐	
3		☐	☐	
4		☐	☐	

Activité 2 Accueillir le client conformément aux règles de l'entreprise

Votre responsable souhaite que les agents accueillent les clients conformément aux règles de l'agence. Ils doivent adopter un langage correct et adapté aux attentes de la clientèle. L'agence doit être accueillante et conviviale.
Prenez connaissance des **documents 3** à **5**, de l'**annexe 2**, puis effectuez la tâche demandée.

Document 3 La communication

La communication est un processus entre deux personnes au moins qui ont décidé d'entrer en relation afin d'échanger des informations.
La communication est un acte social qui s'applique dans le foyer familial, les études, les relations amicales, et le domaine professionnel. Dans la vente, le vendeur communique tout autant avec les clients, les fournisseurs et son équipe. C'est à lui de bien communiquer, à la fois par l'expression orale, les gestes, les mimiques et l'attitude générale.

Document 4 Les éléments du comportement verbal

L'agent immobilier doit accorder de l'importance à la voix. Celle-ci est modulée par différents éléments :
– Le ton : aimable et convaincant.
– L'articulation qui doit être correcte.
– Le rythme qui doit être agréable.
– La formule d'accueil : un « bonjour » efficace.
– La phrase d'accroche personnalisée pour chaque client.
Le client doit se sentir en confiance et dans un climat de sympathie.

Document 5 Les registres de langue

On distingue traditionnellement trois registres de langue principaux :
- le registre familier,
- le registre courant,
- le registre soutenu.

Le langage familier
Le langage familier est une manière de parler avec des mots très simples et parfois vulgaires. On l'entend dans des conversations entre amis ou copains, mais aussi lorsqu'une personne est en colère.
Exemple : Wech ! Depech' maint'nant, on est en r'tard. J'te l'avais bien dit y sont pas là !

Le langage courant
Le langage courant est une manière de parler qui est plus soignée et beaucoup mieux acceptée. Il s'utilise à l'écrit comme à l'oral avec des personnes que l'on ne connaît pas ou peu (milieu scolaire, professionnel, relations sociales...).
Exemple : Allez dépêche-toi ou nous serons en retard. Je te l'avais bien dit qu'ils n'étaient pas chez eux.

Le langage soutenu
Le langage soutenu, surtout utilisé à l'écrit, est une manière de s'exprimer avec des mots rares et savants. On le lit dans les textes littéraires, on l'entend dans des discours, on l'utilise quand on s'adresse à une personne à qui l'on accorde beaucoup d'importance. Il exige une connaissance approfondie des ressources de la langue, mais aussi met l'accent sur les références littéraires, culturelles, etc.
Exemple : J'avais la conviction qu'ils étaient absents de leur domicile et je crains fort que nous ayons désormais quelque retard, aussi hâtons-nous je vous en prie.

Votre tâche

1. Énumérez les éléments de communication verbale émanant du vendeur qu'entend le client.

....

....

2. Énumérez les éléments de communication non verbale émanant du vendeur que voit le client.

....

3. Complétez l'**annexe 2** en indiquant le registre de langue employé par chaque visiteur.

Annexe 2 Analyse des registres de langue

Visiteurs	Propos	Registre de langue
Visiteur 1	« Bonjour, auriez-vous l'amabilité de me dire où est situé cette demeure, j'aimerais avoir l'opportunité de la visiter. »	
Visiteur 2	« B'jour, j'viens pour l'taf dans cette boîte. »	
Visiteur 3	« Je viens voir Mme HOUILLET, c'est pour une présentation de nos nouvelles maquettes de carte de visite. »	
Visiteur 4	« Bonjour, je me présente, Olivier PLOUYET, j'ai rendez-vous pour visiter un appartement, ce matin à 11 h 30. »	
Visiteur 5	« Je me permets de profiter de votre perception du marché afin de m'apporter quelques exégèses figurant au contrat sur les différentes commodités qui arborent la demeure.	
Visiteur 6	« Salut, ouaich, J'ai screené cette photo de l'appart sur le net. J'ai liké les chambres. »	

Activité 3 Accueillir le client conformément aux règles de l'entreprise : la charte

Votre responsable vous explique que la qualité de l'accueil au sein de l'agence passe par des engagements auprès des clients. Elle vous remet la charte qualité de l'accueil.
Prenez connaissance des documents 6 et 7, de l'annexe 3, puis effectuez la tâche demandée.

Document 6 La charte d'accueil multicanal

Les 8 engagements de l'accueil multicanal gravés dans « Lapierre ».
Pour acheter, vendre, louer ou gérer votre bien immobilier, ayez le réflexe Lapierre Immobilier.

#°1 Chez LAPIERRE IMMOBILIER, tout connaître de notre métier pour mieux vous servir.
Depuis plusieurs années nous cultivons notre savoir-faire pour vous accueillir, vendre, louer ou gérer vos biens immobiliers. Reposez-vous sur notre expérience.

#°2 Chez LAPIERRE IMMOBILIER, le premier endroit que nos clients visitent, ce sont nos agences.
Nos agents veillent à vous accueillir dans un espace convivial et confortable.
Disponible, nous prenons le temps de bien connaître nos clients avant de commencer les premières visites. Parce que prendre le temps de comprendre leur situation patrimoniale, financière, professionnelle et familiale, c'est pouvoir leur proposer des offres qui correspondent vraiment à leurs besoins.

#°3 Chez LAPIERRE IMMOBILIER, nous venons sur place évaluer votre bien.
Nous prenons rendez-vous quand vous le souhaitez. Nous respectons votre emploi du temps.
Notre agent effectue l'estimation du bien grâce aux éléments relevés sur place. Cela ne vous coûte rien.

#°4 Chez LAPIERRE IMMOBILIER, nous respectons votre vie privée.
Nous prenons rendez-vous pour une visite quand vous le souhaitez. Nous respectons votre emploi du temps et votre vie privée.

#°5 Chez LAPIERRE IMMOBILIER, quand vous ne pouvez pas venir chez nous, nous venons chez vous.
Notre agence dispose d'un dispositif *on line* permettant aux vendeurs ou bailleurs, depuis chez eux, de connaître 24h/24 et 7j/7 l'actualité de leur dossier : la liste des publicités passées, le nombre de consultations de votre annonce sur notre site, le nombre de visites et les commentaires des acheteurs, l'état d'avancement des actions entreprises avec un client, etc. Vous savez tout !

#°6 Chez LAPIERRE IMMOBILIER, notre site Internet est actualisé en permanence.
Nous annonçons plus d'un millier de biens sur notre site Internet mis à jour. Chaque nouveau bien est publié immédiatement. Lorsqu'une maison ou un appartement est acquis, il est retiré en temps réel. Vous n'appelez jamais pour rien.

#°7 Chez LAPIERRE IMMOBILIER, les biens les plus beaux font leur numéro.
Pour mieux vendre ou louer votre bien, nous avons tous les moyens pour le mettre en valeur : visite libre, coup de cœur sur Internet, vitrine d'agence, visite en vidéo, 360°... Vous allez être étonné !

#°8 Chez LAPIERRE IMMOBILIER, notre service client est à votre écoute.
Pour que notre service soit toujours le meilleur service jamais rendu par aucune autre agence immobilière, notre service client reçoit vos appels tous les jours. Vous pouvez tout nous dire, et ça c'est important.

Document 7 L'environnement de l'agence

La vitrine et l'ambiance de l'agence
La vitrine. Elle doit être le reflet de l'image de l'agence. Elle doit inciter le visiteur à pénétrer dans l'agence.

L'ambiance de l'agence. Elle résulte des choix de mobilier, de décoration, d'agencement, d'éclairage et de sonorisation afin d'accueillir le client dans les conditions de confort idéales.

La signalétique
Externe, par les panneaux signalétiques et directionnels, elle oriente le client vers l'agence. En vitrine, par le biais des panneaux, elle permet d'amorcer un premier contact.

Interne, au sein de l'agence, elle permet d'identifier les différents espaces et d'apporter les premiers éléments d'information quant aux biens et services proposés par l'agence (type de mandat, biens disponibles, charte qualité, informations sur le marché immobilier, etc.)

Votre tâche

1. Indiquez ce que garantit la charte.

....

....

2. Complétez l'**annexe 3** pour chaque situation :
a) Relevez le(s) engagement(s) qualité correspondants.
b) Vérifiez si l'engagement qualité est respecté.
c) Justifiez.

Annexe 3 Analyse des situations vues à l'agence

Cas	Engagement de la charte	Respecté		Justification
		Oui	Non	
1. La porte vitrée de l'agence, ainsi que la vitrine, présentent des éclats de verre.		☐	☐	
2. Amel LAMRI a pris rendez-vous avec le couple LANGLOIS après leur travail.		☐	☐	
3. Mme GRAVEIL effectue une visite virtuelle et en 360° sur sa tablette des biens mis en ligne.		☐	☐	
4. La table tactile de l'agence est éteinte.		☐	☐	
5. Ce samedi, Charles JUVET est venu estimer la maison du couple JUPITER.		☐	☐	
6. Deux biens en vitrine… Le premier vendu depuis deux semaines avec une affiche « Vendu ». Rien sur l'autre.		☐	☐	
7. L'espace de travail d'Antoine, un commercial, est en désordre complet.		☐	☐	
8. Au standard, les appels n'entrent pas depuis 10 minutes.		☐	☐	

Activité 4 Prendre contact à l'agence

L'agence immobilière accueille ses clients et ses visiteurs par différents canaux de communication.

Prenez connaissance des **documents 8** et **9**, de l'**annexe 4**, puis effectuez la tâche demandée.

Document 8 L'accueil multicanal à l'agence

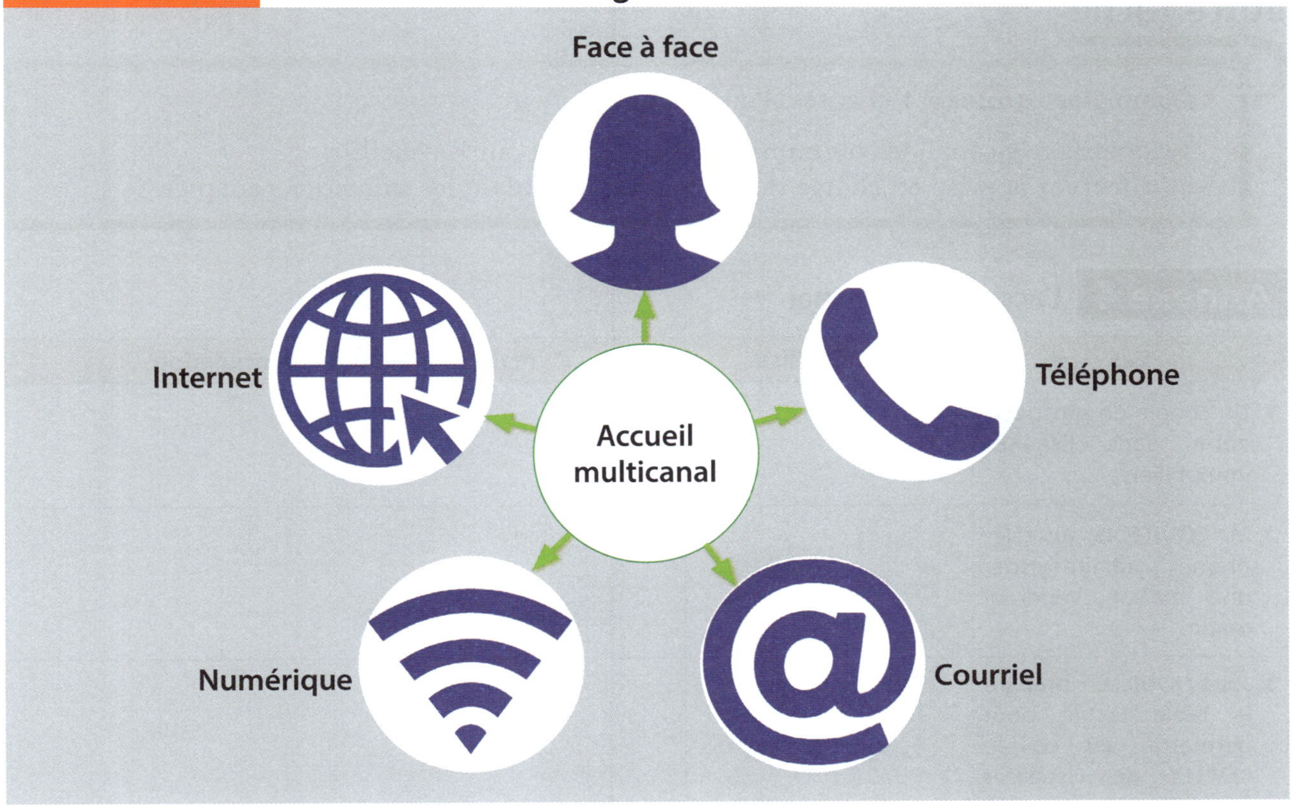

Document 9 Procédure d'accueil multicanal à l'agence

En face à face
Prendre en compte l'arrivée du visiteur : premier contact visuel, sourire.
Saluer courtoisement par une formule de bienvenue personnalisée.
Prendre en charge le client et personnaliser la relation.

Par courriel
Répondre dans les 24 heures ouvrées.
Rédiger un objet personnalisé.
Personnaliser la formule d'appel :
- Madame/Monsieur (lorsque l'on s'adresse à quelqu'un dont on ne connaît ni le nom, ni le titre).
- Madame/Monsieur suivi du NOM (lorsque l'on s'adresse à un client).

Éviter dans toute correspondance les termes « Bonjour », « Bonsoir » ...inadaptés au moment de la lecture du courriel par le destinataire. Cette formule est essentiellement utilisée lors des échanges verbaux.

Au téléphone
Décrocher avant la 3e sonnerie.
Se présenter, présenter l'agence.
Saluer chaleureusement.
Identifier l'interlocuteur (visiteur, acheteur, vendeur, client, prospect, etc.).

Par accueil numérique
L'accueil numérique repose sur l'utilisation d'outils numériques. Les différents outils de l'accueil numérique au sein de l'agence sont les suivants :
- les tablettes numériques ;
- les tables numériques ;
- les vitrines interactives.

Mettre à la disposition les outils numériques en libre service ou lors de l'échange avec un agent.
Les outils sont adaptés à tous les publics, à tous les âges et pour tout type de demande. La connexion WiFi est automatique et gratuite. Le visiteur se connecte seul.

Par accueil Internet

Les différents outils de l'accueil par Internet sont les suivants :

- Le portail de l'agence sur Internet, rubrique « Nous contacter ».
- Les mails.
- Les médias sociaux.
- Les applications smartphone.

Mettre à la disposition des clients les outils Internet et sociaux. Les supports sont actualisés de manière très régulière.

Votre tâche

- Complétez l'**annexe 4** ci-après. Pour chaque visiteur :
  1. Identifiez le canal de communication à utiliser pour l'accueillir.
  2. Effectuez la prise en charge du visiteur en formulant les salutations adaptées.

Annexe 4 L'accueil multicanal

Cas	Canal utilisé	Action à effectuer et formulation
1. Un couple de prospects entre dans l'agence immobilière.		
2. M. COURTOIS, au téléphone, souhaite visiter une maison vendredi matin.		
3. Julie NOUILLOT prépare la table tactile pour permettre au couple LEVILLY de visualiser les différents espaces de l'appartement qu'ils envisagent d'acheter sur plan.		
4. Un client consulte la vitrine tactile située à l'entrée de l'agence, à la recherche d'un appartement.		
5. Un prospect utilise les outils proposés par l'application à télécharger sur smartphone pour affiner ses recherches de bien à louer dans la ville.		
6. Mme MOUGAIS, propriétaire, communique, par courriel, les informations complémentaires pour mettre en vente son appartement.		

Activité 5 Prendre contact en visite itinérante

Pour préparer les visites de prospection dans le secteur et le contact avec les clients, les agents ont besoin de carte de visite, avec la nouvelle adresse de l'agence.

Prenez connaissance du **document 10**, de l'**annexe 5**, puis effectuez la tâche demandée.

Document 10 Les coordonnées utiles

L'agence
2 chemin des Cygnes
95800 Courdimanche
01 34 42 34 45

Contact :
Email : contact@lapierreagence.fr
Coordonnées des agents :
prenom.nom@lapierreagence.fr
Site Internet :
http://www.agenceimmobilier-courdimanche.lapierre.com

Votre tâche

- Concevez, en **annexe 5**, le modèle de carte de visite de l'agence.

Annexe 5 Modèle de carte de visite de l'agence

Recto

Verso

Activité 6 Prendre contact par téléphone

Votre responsable vous demande de contacter les prospects par téléphone. Elle souhaite que votre prise de contact soit soignée et vous demande d'utiliser la méthode de prise de contact propre à l'agence.
Prenez connaissance des **documents 11** et **12**, de l'**annexe 6**, puis effectuez la tâche demandée.

Document 11 La méthode PPDP

Méthode PPDP (émission)

Étapes	Actions à effectuer
Présentation	Saluer, se présenter, présenter l'agence, rappel de la situation ou formulation brève de la demande.
Pourquoi	Expliquer le motif, la raison de l'appel de l'agent.
Demande	Expliquer ce que souhaite obtenir l'agent : rendez-vous, visite, renseignements, ventes possibles dans le secteur.
Prise de congé	Reformuler, remercier, saluer avant de raccrocher.

Document 12 Votre appel

Vous venez d'enregistrer un bien à l'agence : une maison de 5 pièces, deux garages, située à Menucourt.

Vous décidez d'appeler Mme ROCHDI, une cliente, qui recherche ce type de bien, depuis trois mois déjà.

Vous espérez convenir d'un rendez-vous pour une visite, jeudi ou vendredi, en fin d'après midi, selon ses disponibilités.

Votre tâche

- Complétez l'**annexe 6**. Préparez le plan d'appel téléphonique.

Annexe 6 Le plan d'appel

Étapes	Actions à effectuer

TRAVAUX PRATIQUES 1 Ne-Aniyo Shop

SITUATION

Vous êtes en PFMP dans l'enseigne NE-ANIYO, située à Torcy (77). L'entreprise NE-ANIYO, « ni oui – ni non » en coréen, est spécialisée dans la vente d'articles prêts à porter, accessoires et produits culturels coréens associés à l'univers de la K-POP, musique coréenne.
Vous êtes en relation avec les conseillers en vente du magasin et la force de vente de l'entreprise. Vous préparez le salon ASIAN EXPO qui aura lieu à Paris. Vous êtes sous l'autorité de Mme KIMYOUNG, responsable du magasin.

Activité 1 Identifier le client et prendre contact

Le salon vient d'ouvrir ses portes, les visiteurs affluent vers votre stand.
Prenez connaissance des documents 1 et 2, des annexes 1 et 2, puis effectuez la tâche demandée.

Document 1 Client/Non client

Non client

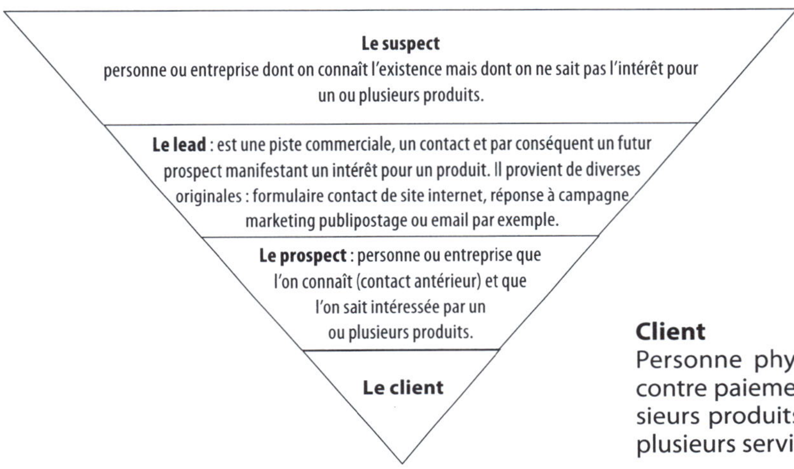

Client
Personne physique ou morale qui, contre paiement, a acquis un ou plusieurs produits ou bénéficié d'un ou plusieurs services d'une entreprise.

Document 2 Les visiteurs du salon

	Les visiteurs
1	J'ai reçu un message sur mon smartphone en entrant dans le salon, vous organisez un jeu concours pour gagner l'album des BTS, groupe de K-POP que j'affectionne.
2	Je compte visiter tous les stands du salon qui portent sur la Corée. Je suis fan d'objets et d'accessoires kawaii et aegyo (mignons). On m'a parlé de NE-ANIYO.
3	J'expose aussi au salon. Je viens regarder un peu ce que vous offrez. Votre stand est joliment agencé. J'ai moi-même une petite boutique à Paris dans le quartier chinois.
4	Je viens régulièrement dans votre boutique en ville. Je suis heureuse d'avoir été invitée au salon, par mail, en qualité de VIP. Je vais profiter d'une remise que le magasin m'a offerte.
5	J'ai une boutique en province. Votre hôtesse a su me convaincre de prendre votre carte de visite et m'a offert un café. Je souhaite nouer des contacts afin de m'approvisionner chez vous en produits culturels.
6	J'aime tout ce qui a trait à l'Asie. Je flâne. Je compte visiter tout le salon. Sur le plan, dans ce dépliant, il y a le stand du magasin NE-ANIYO. Ce sera une découverte : je ne connais pas ce magasin.
7	Je viens parce que j'ai reçu avec la dernière facture un petit catalogue des dernières nouveautés du magasin. Elles sont exposées en avant-première lors de ce salon. J'espère passer commande pour la prochaine collection automne-hiver de notre boutique…

Votre tâche

1. Complétez l'**annexe 1** : identifiez les différents visiteurs se présentant sur le stand. Cochez les cases correspondantes.

2. Complétez l'**annexe 2** : indiquez le(s) moyens(s) utilisé(s) par le magasin pour entrer en contact avec les visiteurs.

Annexe 1 Les visiteurs du salon

Visiteur	Visiteur		Client				Concurrent
	Professionnel	Particulier	Suspect	Prospect	Lead	Client	
1	☐	☐	☐	☐	☐	☐	☐
2	☐	☐	☐	☐	☐	☐	☐
3	☐	☐	☐	☐	☐	☐	☐
4	☐	☐	☐	☐	☐	☐	☐
5	☐	☐	☐	☐	☐	☐	☐
6	☐	☐	☐	☐	☐	☐	☐
7	☐	☐	☐	☐	☐	☐	☐

Annexe 2 Prise de contact avec les visiteurs

Visiteur	Contact établi
1	
2	
3	
4	
5	
6	
7	

Activité 2 Présenter l'entreprise et ses produits

Les visiteurs sont nombreux à découvrir votre enseigne. Vous devez présenter à chaque rencontre votre entreprise et ses produits. Vous utilisez pour cela un « pitch ».

Prenez connaissance des documents 3 et 4, puis effectuez la tâche demandée.

Document 3 Les produits offerts par NE-ANIYO SHOP

Vêtements
K-pop : produits musicaux
K-drama : films et livres
Accessoires
Objets kawaii et aegyo

Document 4 Le pitch : présenter efficacement son entreprise

Qu'est-ce qu'un pitch ?
Le pitch est un terme anglo-saxon qui s'emploie au cinéma : il présente en une phrase ou un paragraphe le sujet d'un film. **Appliqué à votre entreprise, il s'agit de savoir la présenter en une phrase ou deux.** Une fois pour toutes, vous avez cette présentation en tête et vous pouvez l'utiliser à l'écrit comme à l'oral, dans le format approprié, selon la place (ou le temps) dont vous disposez. Pour qu'elle soit efficace, cette présentation ne s'improvise pas : **dire l'essentiel** en aussi peu de mots, **représente un travail important de formalisation, de structuration et de synthèse.**

À quoi sert le pitch ?
Grâce au pitch, vous savez présenter efficacement votre entreprise en quelques mots ou phrases compréhensibles de votre cible : **votre interlocuteur comprend immédiatement quelle est votre proposition de valeur et ce qu'il gagnera à travailler avec vous.** Le pitch attire son attention et lui donne envie de prolonger ce premier « contact ».

Quand s'en servir ?
Le pitch est utilisé à l'oral, lors de salons, séminaires ou cocktails, lorsque vous disposez de peu de temps pour capter l'intérêt de votre interlocuteur.
À l'écrit, il convient très bien pour la rubrique « À propos » ou « Qui sommes nous » de votre site web. Vous l'insérez à la fin de vos communiqués de presse, dans votre livre blanc ou dans vos documents commerciaux. Et si vous participez à des salons, vous

choisissez la version adaptée en nombre de caractères, pour la fiche société du catalogue des exposants.

Que contient un pitch efficace ?
Sur le fond, votre pitch doit répondre aux questions suivantes :
- Que fait votre entreprise, que propose-t-elle ?
- À qui s'adresse votre offre ?
- Quelle est sa valeur ajoutée ? Qu'est-ce qui la différencie de la concurrence ?
- Quels sont les bénéfices pour vos clients ?
- Quelles sont vos références ? ou bien Qu'est-ce qui montre que votre entreprise a fait ses preuves ?

Sur la forme, il doit être bien **construit** (introduction, développement, conclusion), concis (il doit aller à l'essentiel) et clair.

Selon la place dont vous disposez, le **pitch peut être accompagné de photos, d'un schéma explicatif ou d'une infographie**.

Votre tâche

- Rédigez le pitch de votre enseigne.

....

....

....

....

....

....

....

....

Activité 3 Prendre contact

Vous prenez en charge une visiteuse. Elle s'intéresse grandement à votre boutique et vous communique ses coordonnées.

Prenez connaissance des **documents 5** et **6**, de l'**annexe 3**, puis effectuez la tâche demandée.

Document 5 Propos de Mme Élise DUNAIN, cliente professionnelle

Je suis à la recherche de nouveaux fournisseurs. En effet, je suis gérante d'une petite boutique à Lille, au 7 rue d'Artois, la boutique STYLE D'ASIE. Je ne connaissais pas votre enseigne. Je vends des articles mettant en valeur les cultures japonaise et coréenne.

Mes clients demandent de plus en plus de vêtements à la mode coréenne en référence aux groupes de K-POP tels que BTS, un groupe de boysband, et les TWICE, un girlsband.
Ma clientèle est plutôt jeune et veut suivre les tendances mode de ces deux groupes.
Je m'intéresse aux vêtements, albums et produits dérivés de ces groupes.
Je cherche aussi à surfer sur la vague des accessoires kawaii ou aegyo, des petits objets tout mignons…

Mes coordonnées : 06 45 87 34 21
elisedunain@styledasie.fr

Je suis preneuse, entre autres, de catalogues.
Je prends aussi votre adresse. Je viendrai visiter votre boutique afin de découvrir votre assortiment.

Document 6 Fiche contact

Une **fiche contact salon** est un document sur lequel les exposants reportent les informations sur les **visiteurs** avec qui ils entrent en contact.

Votre tâche

- Complétez l'**annexe 3** : Fiche contact.

FICHE CONTACT CLIENT

Vu par : ....

Agrafez ici la carte de visite

Entreprise

Nom ....

Adresse ....

....

CP – Ville ....

Déjà client : ☐ Oui ☐ Non

Contact

Nom – Prénom ....

Fonction ....

Tél .... Portable ....

Email ....

Activité de l'entreprise ....

Compte rendu de la rencontre, description des besoins

....

....

....

....

Documents/proposition à envoyer :

....

Suivi

Date de recontact souhaitée .... ☐ Téléphone ☐ Visite

SYNTHÈSE 1

PRENDRE CONTACT

1. Respecter les normes de l'entreprise

La communication

....

....

....

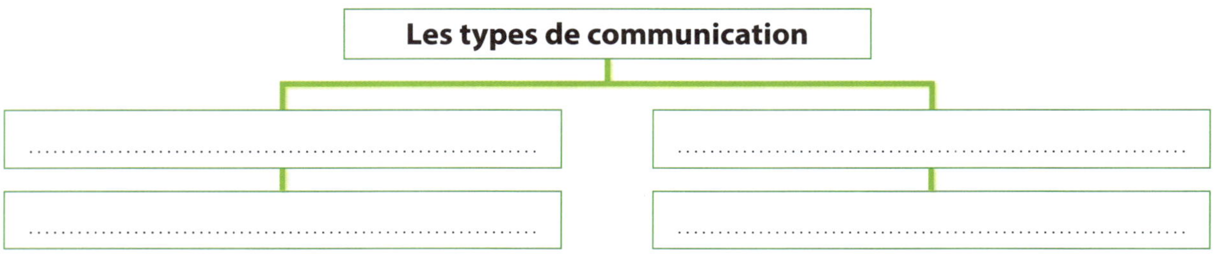

2. Recevoir et prendre contact

L'accueil multicanal

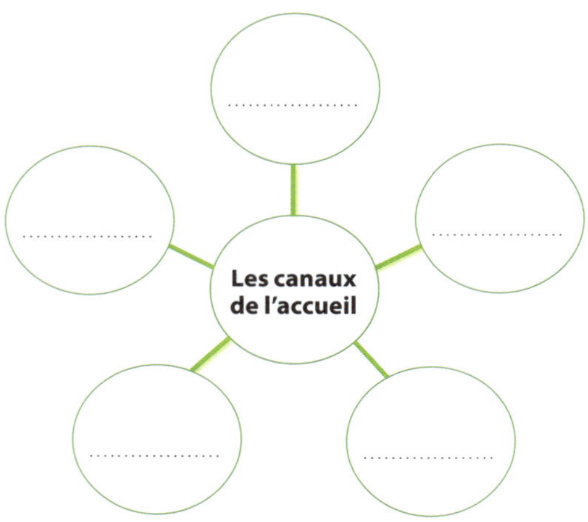

Les supports et outils pour réussir la prise de contact

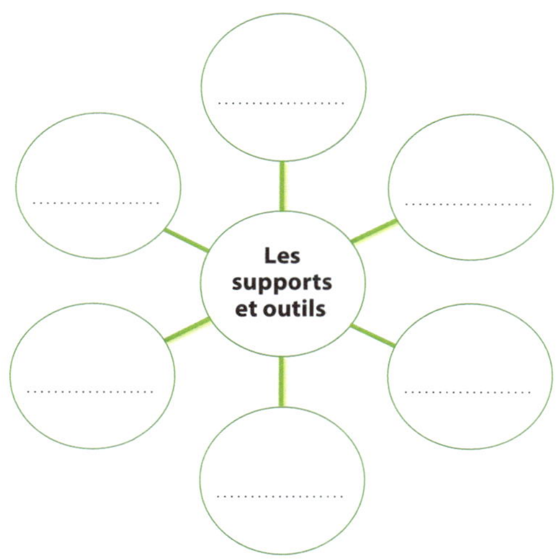

Les différents types de clients

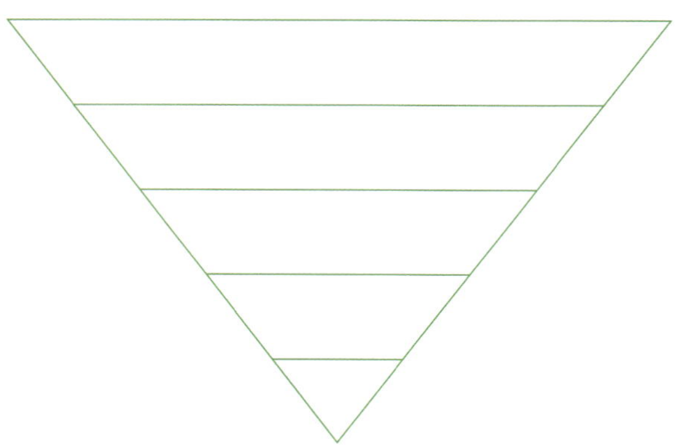

COMPÉTENCE 2

Identifier les besoins

Natur' et compagnie

SITUATION

Vous êtes en PFMP chez NATUR' ET COMPAGNIE, spécialiste de la vente de produits écologiques, naturels et respectueux de l'environnement. Le magasin appartient à une chaîne spécialisée de boutiques commercialisant des produits d'épicerie fine (thés, épicerie sucrée ou salée), de bien-être (huiles essentielles, saveurs, senteurs, etc.), de loisirs (livres, jeux et jouets, bijoux, etc.), des produits pour bébé ou encore des produits de randonnée et de sciences…

L'enseigne envisage, depuis quelques années, en plus de la vente de produits, de développer un programme d'éducation à la nature et de créer des passerelles entre les associations prônant le développement durable et les clients des magasins à la recherche d'un mode de consommation plus raisonné.

Vous intégrez l'équipe commerciale du magasin et vous êtes sous la responsabilité de M. BEGREEN, directeur du magasin. Vous prenez en charge les clients qui entrent dans le point de vente.

Référentiel	Compétences	Savoirs associés
Accueil	Co-construire avec le public la solution adaptée à ses besoins	La découverte des besoins La recherche de la solution adaptée au client/usager
Commerce et Vente	Intégrer l'omnicanal dans le processus de vente S'adapter au contexte commercial et au comportement du client Découvrir, analyser et identifier les besoins du client, ses motivations et ses freins éventuels Découvrir, analyser et reformuler les besoins du client Présenter l'entreprise et/ou ses produits et/ou services	Les facteurs explicatifs du comportement d'achat Le questionnement L'écoute La reformulation Les besoins, les motivations, les freins, les mobiles Les attentes Les facteurs personnels Les facteurs sociologiques Les différentes étapes de la vente Le plan de découverte Les applications numériques

Activité 1 S'adapter au comportement du client

Votre responsable souhaite que les conseillers de vente s'adaptent aux comportements du client, dès l'entrée dans le point de vente.
Prenez connaissance du **document 1**, de l'**annexe 1**, puis effectuez la tâche demandée.

Document 1 La règle des 4 fois 20

La règle	Le client	Le vendeur
Les 20 premiers pas	D'abord, il me voit.	Ayez une attitude ou une démarche assurée, engagée et sympathique.
Les 20 premiers cm du visage	Puis, il examine mon visage.	Regardez votre client dans les yeux. Souriez.
Les 20 premiers mots	Ensuite, il m'écoute.	Formulez une phrase courte et audible pour vous présenter et engager la relation client.
Les 20 premières secondes	Pour enfin le convaincre qu'on peut lui être utile.	Créez immédiatement un climat de confiance et soyez à l'écoute de votre client.

Votre tâche

- Complétez l'**annexe 1**, indiquez pour chaque situation l'attitude à adopter par le vendeur en respectant la règle des 4 fois 20.

Annexe 1 Respecter la règle des 4 fois 20

Caractéristique	**Situation 1** Un client d'une cinquantaine d'années passe devant vous et se dirige vers l'espace randonnée.	**Situation 2** Une cliente vous aborde : « Bonjour. J'aurai besoin d'un conseil au sujet des huiles essentielles. » Vous êtes en train de mettre en rayon des diffuseurs d'huiles essentielles.
Les 20 premiers pas		
Les 20 premiers cm du visage		
Les 20 premiers mots		
Les 20 premières secondes		

Activité 2 Découvrir, analyser et identifier les attentes du client : le questionnement et la reformulation

Votre responsable souhaite que vous restiez attentif aux besoins des clients. Pour cela, il vous demande d'utiliser les techniques employées en magasin.

Prenez connaissance des documents 2 et 3, des annexes 2 et 3, puis effectuez la tâche demandée.

Document 2 Le questionnement et la reformulation

Le questionnement
Vous avez accueilli, identifié votre interlocuteur. Vous l'avez invité à s'exprimer et avez écouté sa demande sans l'interrompre.

Les types de questions qui servent à l'interroger :

Type de question	Objectif	Exemple
Ouverte	Elle permet d'obtenir une réponse développée. Elle laisse l'interlocuteur s'exprimer aussi librement et complètement que possible.	« Comment puis-je vous aider ? Que pensez-vous de…. ? »
Fermée	Elle permet d'avoir des informations précises et n'admet qu'un nombre limité de réponses : oui, non, une date, …	« Souhaitez-vous obtenir notre carte de fidélité ? »
Alternative	Elle amène l'interlocuteur à faire un choix.	« Pour cet article, préférez-vous le rouge ou le bleu ? »
Rebond	Elle permet d'obtenir plus de détails.	« C'est-à-dire ? Mais encore ? »
Approfondissement	Elle entretient la conversation en stimulant l'interlocuteur afin qu'il donne plus d'informations et de précisions.	Les fiches produit ne sont pas assez explicites, elles ne sont pas assez commentées… « Qu'entendez-vous par "pas assez commentées" ? »

La reformulation
Après s'être exprimé, le client a besoin d'être rassuré. A-t-il été bien compris ? Le vendeur pour être certain de cerner les besoins du client doit reformuler ses propos.

La reformulation permet :
- de montrer au client qu'il a bien été compris ;
- de préciser certains détails ;
- d'orienter le dialogue ;
- de faire le bilan ;

Une reformulation commence par « en somme », « en résumé », « si j'ai bien compris », « en d'autres termes », « ainsi, selon vous » « pour vous ce qui est important, c'est », et se termine par « c'est bien cela ».

Document 3 Les propos du client

Je souhaite faire plaisir à ma femme. Elle apprécie les vertus apaisantes du thé.
Elle en prend matin et soir. Elle aime le thé vert… nature, aromatisé, aux longs bourgeons… Soit ! Elle le savoure sous toutes les formes.
Elle a envie de le déguster avec d'autres parfums, d'autres épices…
Elle n'apprécie pas les sachets… Elle trouve que cela revient à consommer des produits industriels. Elle consomme des produits bio ou d'agriculture raisonnée : la nature doit être respectée…
Elle collectionne les boîtes de thés, petites ou grandes, une fois terminées…
J'avoue ne pas savoir quoi choisir…

Votre tâche

1. Identifier les types de questions formulées par le conseiller de vente dans les différents cas présentés dans l'**annexe 2**.
2. Reformulez dans l'**annexe 3** les propos du client du **document 3** afin de bien identifier ses besoins.

Annexe 2 Le questionnement

Cas	Question	Type de question
1	Puis-je vous renseigner ?	
2	Parmi les diffuseurs d'huiles essentielles, préférez-vous les brumisateurs ou les ultrasoniques ?	
3	Quel est votre budget pour faire ce cadeau ?	
4	*Client :* « Ma sœur apprécie une bonne infusion en fin de repas. Elle adore les arômes originaux… » *Vendeur :* « Qu'entendez-vous par originaux ? »	
5	Que pensez-vous de ce siège massant ?	
6	*Client :* « Mon fils n'aimera pas ce jouet en bois. » *Vendeur :* « C'est-à-dire ? »	

Annexe 3 La reformulation

....

....

....

....

....

Activité 3 Découvrir, analyser et identifier les besoins en face à face

Votre responsable vous demande d'approfondir l'identification des besoins des clients de manière omnicanal.

Prenez connaissance des **documents 4** et **5**, de l'**annexe 4**, puis effectuez la tâche demandée.

Document 4 Définition d'un besoin

Exigence née d'un sentiment de manque, de privation de quelque chose qui est nécessaire à la vie organique.

www.larousse.fr

Document 5 Les différents types de besoins

Selon Maslow (psychologue américain, 1908 – 1970), les motivations d'une personne résultent de l'insatisfaction de certains de ses besoins.

Les travaux de Maslow (1954) permettent de classer les besoins humains par ordre d'importance en 5 niveaux. Ce classement correspond à l'ordre dans lequel ils apparaissent à l'individu ; la satisfaction des besoins d'un niveau engendrant les besoins du niveau supérieur.

L'idée est qu'on ne peut agir sur les motivations « supérieures » d'une personne qu'à la condition expresse que ses motivations primaires (besoins physiologiques et de sécurité) soient satisfaites.

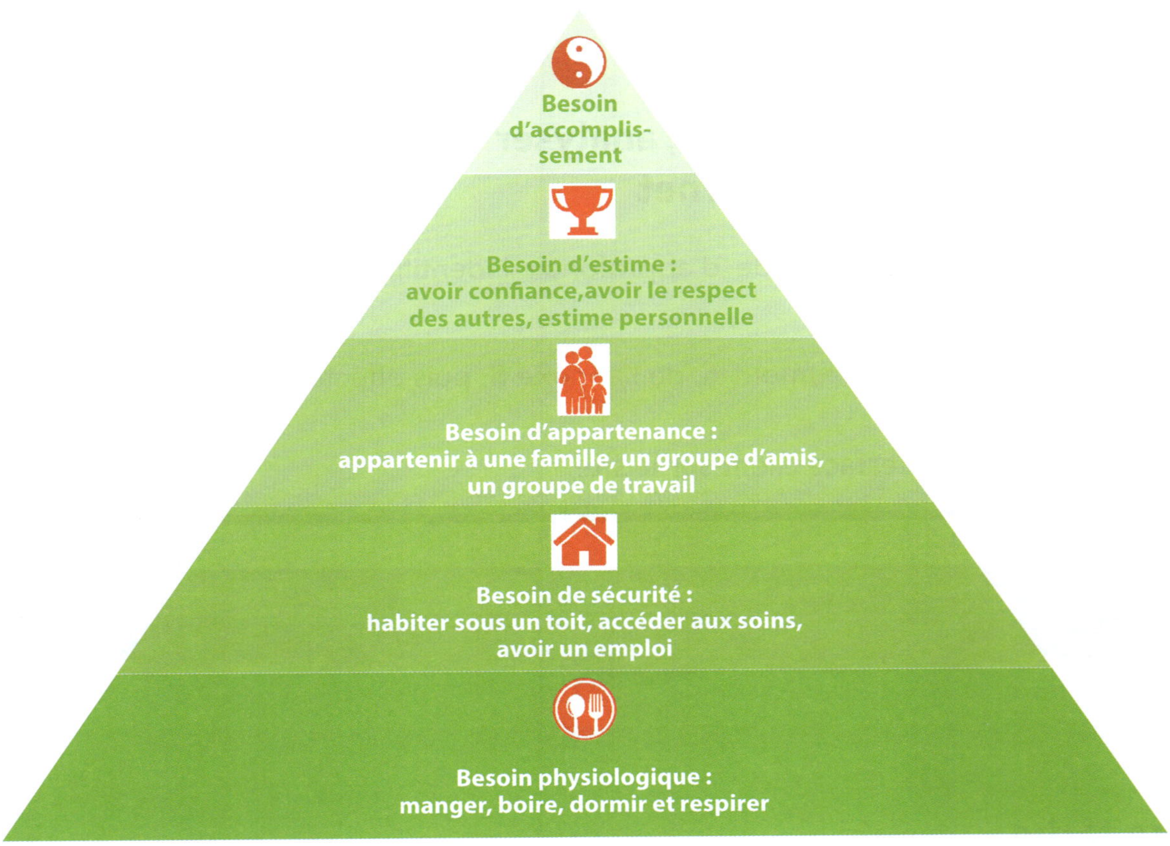

Votre tâche

- Complétez l'**annexe 4** en indiquant le type de besoin exprimé par les clients.

Annexe 4 Les besoins des clients

Cas	Type de besoin
1. Je souhaite consommer un thé de qualité.	
2. Je voudrais un livre de recettes de cuisine du monde : j'ai besoin d'épater mes invités.	
3. En achetant ce porte-bébé à nouer, j'espère que mon petit bout sera blotti contre ma poitrine en toute sérénité.	
4. J'espère avec cet équipement de randonnée encore me surpasser, faire encore plus de découvertes et contempler de nouveaux paysages.	
5. J'ai entendu parler d'un absorbeur purificateur d'air… J'aimerais travailler dans une pièce saine.	
6. Je souhaite une boîte à bento pour conserver mon repas : mes collègues de travail en possèdent tous une !	
7. Je veux offrir à ma fille un kit pour confectionner des petits bijoux : elle offre ses créations à ses amis qui les apprécient beaucoup.	

Activité 4 Découvrir, analyser et identifier les besoins sur Internet

Votre responsable vous demande d'approfondir l'identification des besoins de manière omnicanal.

Prenez connaissance du **document 6**, de l'**annexe 5**, puis effectuez la tâche demandée.

Document 6 L'interface client sur le site

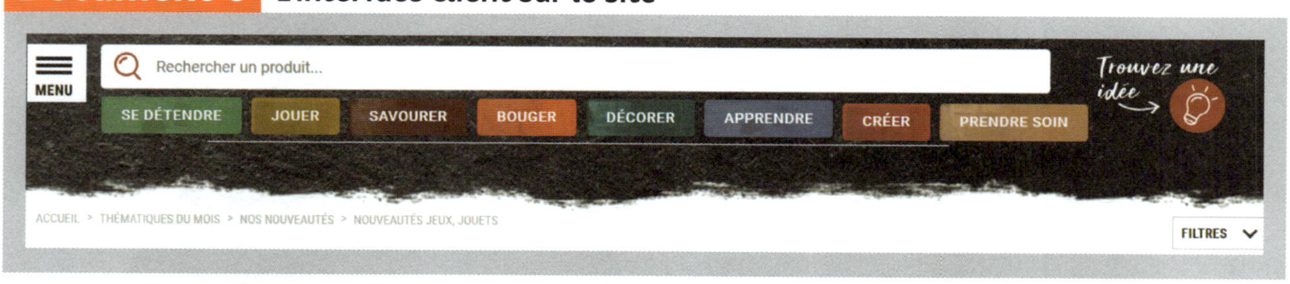

Votre tâche

- Complétez l'**annexe 5** : relevez sur l'interface client chaque verbe d'action employé et indiquez le besoin correspondant.

Annexe 5 Les besoins des clients exprimés sur l'interface

Verbe d'action	Type de besoin
1.	
2.	
3.	
4.	
5.	
6.	
7.	
8.	

Activité 5 Découvrir, analyser et identifier les mobiles d'achat du client

Votre responsable vous demande d'approfondir votre analyse et pour cela d'utiliser une autre technique d'identification des mobiles d'achat.

Prenez connaissance du **document 7**, de l'**annexe 6**, puis effectuez la tâche demandée.

Document 7 La méthode SONCAS

Le SONCAS est une méthode qui permet au vendeur d'identifier les mobiles d'achats des clients. Ce sont les raisons ou les sentiments qui poussent les clients à acheter.
Le terme SONCAS provient de l'acronyme des mots suivants :

- **S**écurité
- **O**rgueil
- **N**ouveauté
- **C**onfort
- **A**rgent
- **S**ympathie

	Sécurité	Besoin d'être rassuré sur la solidité, la qualité et la fiabilité du produit.
	Orgueil	Envie d'être à la mode, de se démarquer et d'être différent des autres.
	Nouveauté	Être le premier, avoir besoin de changement et d'innover.
	Confort	Désir de bien-être, de commodité, de confort et de sérénité.
	Argent	Désir de réaliser des économies et de faire une bonne affaire.
	Sympathie	Envie de faire plaisir, d'offrir, et besoin de convivialité.

Votre tâche

- Complétez l'**annexe 6** : déterminez le mobile d'achat SONCAS exprimé par les clients.

Annexe 6 Les mobiles d'achat

Client	Mobile d'achat exprimé
1. Je souhaite une alternative à la poussette, je pensais au micro trike : il est très compact, c'est ça ?	
2. J'aimerais offrir un kit d'apprenti chimiste à mon petit-fils. Je souhaite qu'il apprenne et expérimente sans danger.	
3. Je souhaite investir dans un diffuseur d'huiles essentielles, sans dépasser le budget de 80 €.	
4. J'aimerais offrir un trotter à ma petite-fille, je suis nostalgique, auriez-vous des modèles vintage ?	
5. Je souhaite voir vos derniers modèles de drone avec caméra embarquée mis en vente dans votre magasin.	
6. J'aimerais voir votre modèle de siège chauffant qui est une « exclusivité Internet » et un « spécial VIP ».	

Activité 6 Découvrir, analyser et identifier les motivations du client

Votre responsable vous demande d'approfondir votre analyse. Il vous demande de rechercher les motivations des clients.
Prenez connaissance des **documents 8** et **9**, de l'**annexe 7**, puis effectuez la tâche demandée.

Document 8 Les motivations : extrait du support de vente des conseillers

Les motivations d'achat
C'est la raison de l'achat. La motivation est toujours positive et se caractérise par des valeurs et des croyances profondes.

Type de motivation	Explication	Exemple
Personnelle ou hédoniste	Le client se fait plaisir, il est attentif à son bien être, à sa santé et au respect de l'environnement qui l'entoure.	S'acheter des produits d'épicerie fine, bio, de la cosmétique, etc.
Altruiste ou oblative	Le client veut faire plaisir aux autres et recherche un engagement collectif envers l'environnement ou le développement durable.	Acheter un cadeau avec des matériaux respectueux de l'environnement, en bois, recyclables, avec peu de déchet rejetés.
Auto-expression	Le client a besoin d'estime et de reconnaissance. Il est sensible aux produits de qualité, raffinés, bio, etc.	Acheter des produits tendances, des produits originaux, qui sortent de l'ordinaire.

Document 9 L'interface client sur le site du magasin

Complétée par un client en ligne

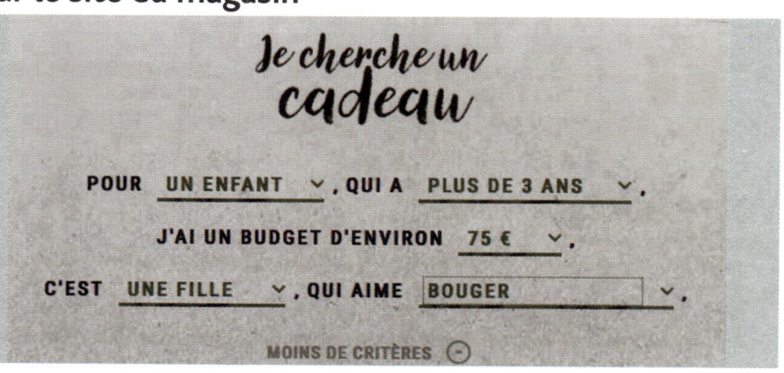

Votre tâche

1. Complétez l'**annexe 7** : identifiez le mobile exprimé par le client.
2. Identifiez le mobile exprimé par le client sur l'interface client du site Internet du magasin.

....

Annexe 7 Les mobiles d'achat

Cas	Mobile
1. Je souhaite me refaire une beauté, j'ai entendu parler de vos crèmes à la figue de barbarie.	
2. Je voudrais offrir un t-shirt à la mode à mon adolescent, je tiens à ce qu'il soit en coton bio.	
3. J'espère épater les copines avec ce parfum d'ambiance « des calanques » avant de commencer notre réunion Tupperware.	
4. Je souhaite un jouet en bois…	
5. Je veux installer une fontaine à cascade dans mon salon… J'aspire à une ambiance relaxante et zen.	
6. Je souhaite une pâte à tartiner avec du bon chocolat et des matières premières bio.	

Activité 7 Conseiller le client et proposer le produit

Une fois la recherche des besoins soigneusement effectuée, le conseiller de vente utilise le moteur de recherche mis à sa disposition sur le site intranet du magasin : des produits sont présélectionnés et doivent lui permettre de proposer une solution.

Prenez connaissance du **document 10**, de l'**annexe 8**, puis effectuez la tâche demandée.

Document 10 Sélection de produits

Recherche effectuée

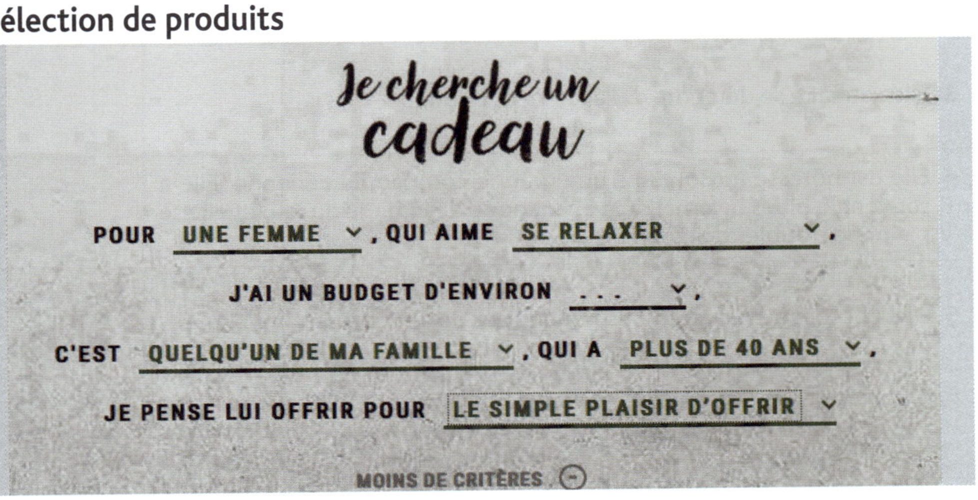

Solutions proposées par le moteur de recherche

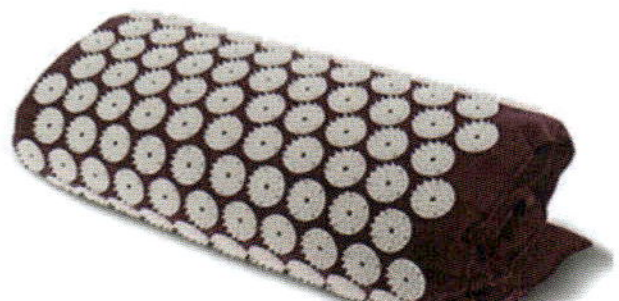

Tapis d'acupression
45,00 €

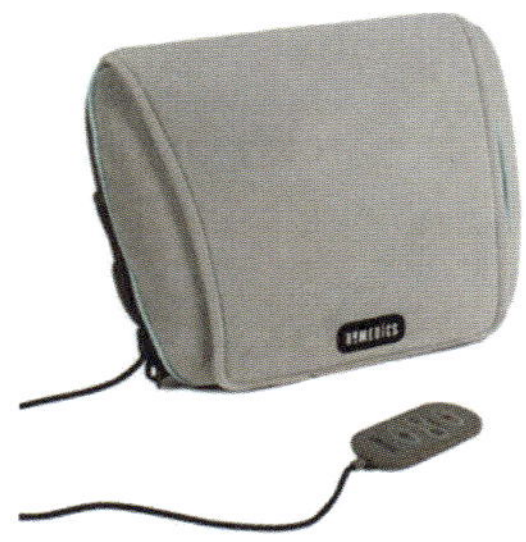

Coussin de massage Shiatsu
69,90 €

Masque de relaxation ISEE4
130,00 €

Diffuseur d'huiles essentielles Opale
59,97 €

Simulateur d'aube Bluetooth OIA
47,96 €

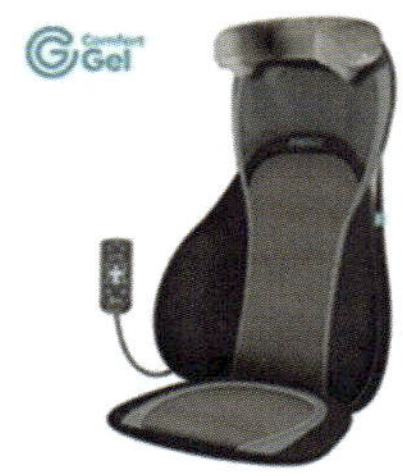

Siège de massage dos et cervicales
349,00 €

Votre tâche

- Complétez l'**annexe 8** : proposez le produit adapté à la demande du client.

Annexe 8 Les demandes des clients

Client	Produit adapté
1. Elle souhaite se réveiller de bonne humeur.	
2. Elle est vendeuse et passe de longues journées debout. Il lui faudrait de quoi lui permettre de soulager son dos, son cou, ses jambes ou ses pieds.	
3. Elle souhaite se détendre… J'ai un petit budget.	
4. Elle est hôtesse au sol dans une grande compagnie aérienne. Elle a souvent le blues hivernal dû à un manque de lumière du jour et elle se plaint de troubles du sommeil.	
5. Elle a besoin d'évacuer toutes les tensions de son corps.	
6. Elle est commerciale. Elle utilise beaucoup sa voiture. Entre deux visites, elle reste souvent dans son véhicule. Elle a besoin de décompresser et de lâcher prise.	

TRAVAUX PRATIQUES 2 Concession Berthier

SITUATION

Vous êtes en PFMP à la concession BERTHIER, spécialiste multimarque de véhicules automobiles, située à Clermont Ferrand (63).

Vous êtes rattaché au service commercial de la concession et êtes sous la responsabilité de M. PASCALLY, directeur commercial. Vous l'assistez dans ses tâches quotidiennes.

Activité 1 Intégrer l'omnicanal dans le processus de vente

Votre responsable vous explique que les clients qui entrent dans la concession viennent en général pour finaliser un achat : ils ont visité le site de la concession, choisi le modèle et les options du véhicule. Ils espèrent obtenir les derniers conseils du vendeur lors de la phase d'essai de la voiture avant d'acheter le véhicule.

Prenez connaissance du document 1, de l'annexe 1, puis effectuez la tâche demandée.

Document 1 Le cross-canal, le multicanal et l'ominicanal

Multicanal, cross-canal, omnicanal… trois termes qu'il ne faut pas opposer mais envisager comme des étapes stratégiques dans la promesse globale faite par les marques en matière d'expérience client.

Multicanal

Le multicanal caractérise l'expérience d'un client qui utilise **un ou plusieurs des différents points de contact avec la marque** mis à sa disposition pendant son parcours d'achat (magasin, mobile, tablette, chat, email, réseaux sociaux…).

Cross-canal

Le cross-canal correspond à l'expérience d'un client qui **combine plusieurs canaux** pour réaliser un même achat. Par exemple, il repère un produit sur le site d'une marque, va l'essayer en magasin, ne trouve pas sa taille et l'achète finalement sur le site mobile via son smartphone.

Le cross-canal caractérise une expérience client où l'ensemble des canaux sont utilisés de manière complémentaire lors des différentes étapes du parcours. Ils sont ainsi envisagés de façon globale, de manière à respecter la promesse faite par la marque d'un canal à l'autre sans perturber le client. Il peut être considéré comme l'étape suivante du multicanal.

Omnicanal

Le terme omnicanal ajoute la notion d'ubiquité : un client pourra utiliser **plusieurs canaux en même temps** (utiliser son mobile pendant qu'il est dans la boutique). L'omnicanal induit une cohérence entre les canaux d'autant plus forte que le consommateur les expérimente simultanément.

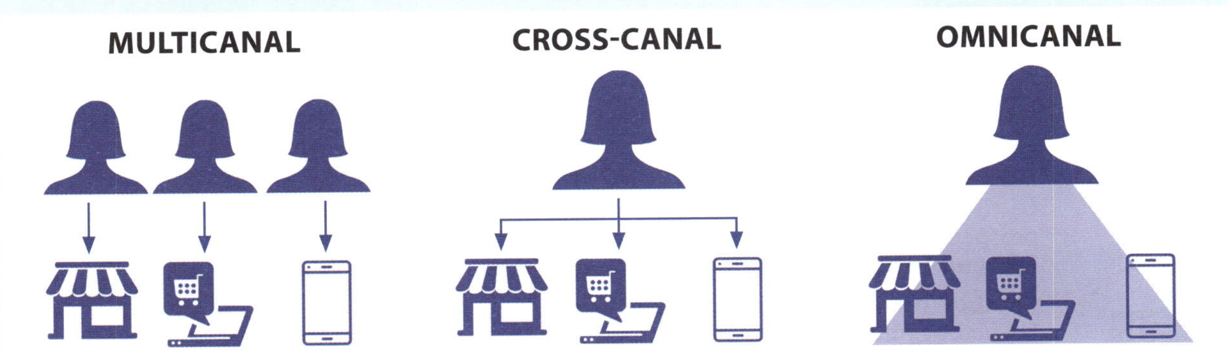

Votre tâche

- Complétez l'annexe 1 : identifiez pour chaque situation le type de canal utilisé par le client.

Annexe 1 Les types de canaux

Situation	Canal
1. Mme DOUILLET, avant de venir à la concession TROAN, a effectué quelques recherches sur son site. Elle se rend à l'agence pour avoir les conseils des vendeurs.	
2. M. GROVER, avant d'acheter sa voiture, est allé sur le site Internet de la concession BERTHIER. Il a choisi le modèle et les options sur son smartphone. Il a profité de la visite virtuelle en fin de parcours. Il vient aujourd'hui essayer sa voiture à l'agence : il a pris rendez-vous par téléphone pour convenir d'une date.	
3. Jean recherche une voiture d'occasion, il effectue ses recherches en ville au sein de l'agence et en même temps sur le site de la concession FILNAUT grâce à son mobile.	

Activité 2 S'adapter au contexte commercial et au comportement du client

Votre responsable souhaite que les conseillers de vente s'adaptent au comportement du client, dès l'entrée de ce dernier dans la concession.
Prenez connaissance du **document 2**, de l'**annexe 2**, puis effectuez la tâche demandée.

Document 2 Répondre aux attentes des clients grâce au smartphone

Penser mobile

Soyez attentifs à l'expérience client que vous souhaitez proposer, car **le mobile est omniprésent chez vos clients**. Pour vous en convaincre, regarder ces chiffres.

17,7 %	10,2 %	8,9 %	8,2 %
Comparent les modèles ou les options	Lisent des tests et avis sur un modèle	Demandent un devis	Regardent une vidéo en ligne

Il est également utilisé dans la **recherche d'informations sur le point de vente**. En effet, le mobile est utilisé par un visiteur sur deux pendant la visite de la concession. Ils effectuent des recherches sur :

69 %	40 %	29 %	26 %	23 %	22 %
Le prix du véhicule	Les photos du point de vente	Le lieu de la concession	Les horaires d'ouverture	Les avis sur le concessionnaire	La disponibilité de la voiture

Nos conseils

Intégrer la **visite virtuelle 360°** à vos annonces automobiles
C'est l'occasion pour le client de se projeter à l'intérieur du véhicule. Il peut le regarder sous tous les angles comme s'il était dedans. Cela participe à **rassurer le client, et à sérieusement mûrir et concrétiser son projet.**

Marketing automatique
Le marketing automatique permet d'adapter la discussion et la relation avec vos leads, prospects, clients, voire avec les ambassadeurs de la marque. L'objectif est d'**envoyer le bon contenu au bon moment tout en tenant compte du parcours du client.**

Chatbot (dialogueur ou agent conversationnel)
Le chatbot **guide le visiteur sur votre site en lui fournissant des informations personnalisées.** Il est là à chaque étape, lui proposant de l'aider dans la navigation du site.

Dealerapp et geofencing (bonnes affaires et géolocalisation)
Depuis l'application mobile, les utilisateurs sont géolocalisés dans une zone proche du magasin. **Quand ils entrent dans cette zone, ils reçoivent de la part du point de vente une notification** pour leur rappeler que votre magasin n'est pas loin. C'est l'occasion d'optimiser le parcours client en proposant des offres ponctuelles, ciblées.

Votre tâche

1. Relevez, dans l'article, l'outil à privilégier pour répondre aux attentes du client.
2. Énumérez les utilisations que font les clients de cet outil avant d'acheter une voiture.
3. Énumérez les utilisations que font les clients de cet outil avant de venir chez leur concessionnaire.
4. Énumérez les utilisations à développer par la concession pour améliorer le parcours client et répondre aux attentes du client.
5. Complétez l'**annexe 2** : pour chaque situation, identifiez le moyen utilisé par les concessionnaires pour répondre aux attentes des clients par l'intermédiaire du smartphone.

Annexe 2 Analyse des utilisations possibles du smartphone

Situation	Utilisation
1. Mme ROTCHILD vient de recevoir un message sur son mobile l'informant d'une nouvelle offre chez son concessionnaire. Elle consulte depuis quelques jours le site de la concession pour acheter une nouvelle voiture.	
2. M. OUAZIZ envisage d'acheter une voiture, il simule sur son smartphone la voiture de ses rêves : la couleur, les jantes, l'habitacle et profite de l'application qui lui permet de la voir sous tous les angles.	
3. M. LOUIS visite le site de la concession. Il est accompagné à chaque étape de sa visite pour choisir le bon véhicule et le configurer selon ses attentes.	
4. Mme ROUGET en visite près de l'agence vient de recevoir un message pour venir aux portes ouvertes de la concession pour une nouvelle offre de véhicule de fonction pour son entreprise.	

Activité 3 Découvrir, analyser et identifier les besoins du client, ses motivations et ses freins éventuels

Votre responsable vous explique que les clients arrivent à la concession parce qu'ils ont pris contact après avoir réalisé en ligne la configuration de leur véhicule idéal. Le conseiller prend en charge les clients en veillant à bien conforter les besoins déjà identifiés en ligne. Vous êtes en face de M. LEONIS.

Prenez connaissance du **document 3**, puis effectuez la tâche demandée.

Document 3 L'analyse des besoins de M. LEONIS saisis sur smartphone

Véhicule

Coupé

Une compacte

Votre tâche

1. Reconstituez les questions posées en ligne à chaque étape de l'identification des besoins du client.

2. Effectuez la reformulation des besoins du client.

SYNTHÈSE 2

IDENTIFIER LES BESOINS

1. S'adapter au comportement du client

La prise de contact : la règles des 4 fois 20

Le principe				
La règle				

L'expérience client

Canal	Multicanal	Cross-canal	Omnicanal
Principe			

2. Identifier les besoins : l'écoute, le questionnement et la reformulation

écouter	questionner	reformuler
↓	↓	↓

3. Identifier les besoins et les motivations

Définition d'un besoin

....

....

La pyramide des besoins

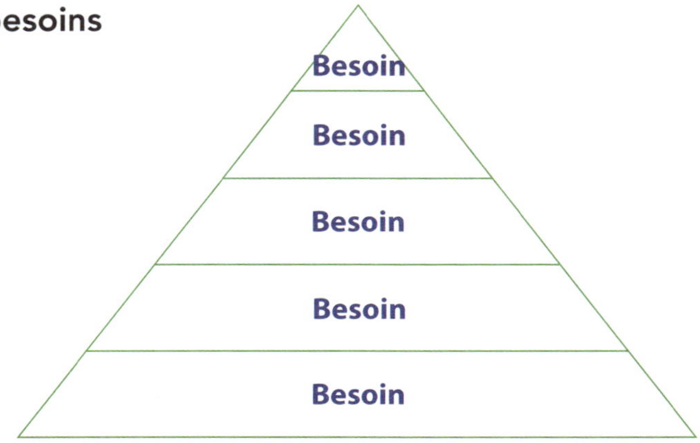

Les motivations et les freins

Motivations	Freins
....	....
....	....
....	....
....	....

Définition d'un mobile d'achat

....

....

....

....

Les différents mobiles d'achat

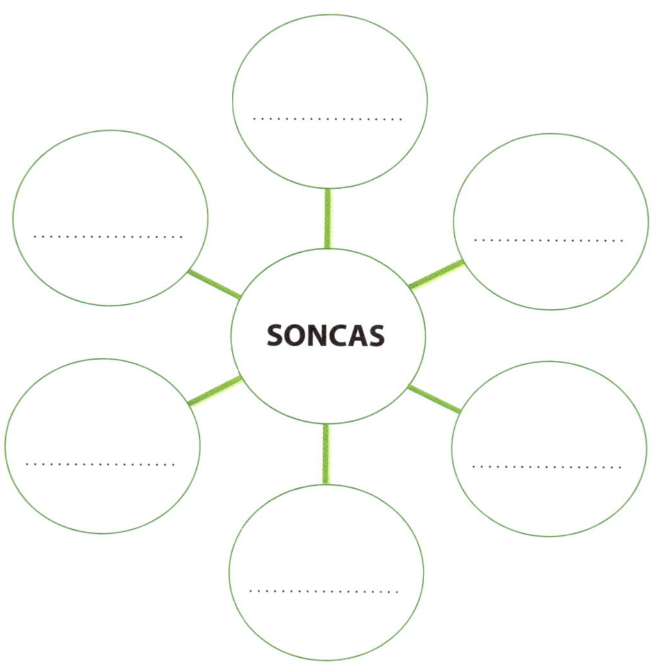

COMPÉTENCE 3 Identifier et caractériser le client

Free Time

SITUATION

Vous êtes en PFMP au sein de l'entreprise Free Time, située à Lens (62). Cette entreprise propose des services à domicile, tels que :
- ménage, repassage,
- garde d'enfants,
- aide aux personnes âgées et aux personnes à mobilité réduite,
- jardinage, bricolage.

Ces services permettent de répondre à des besoins multiples et différents, en fonction des conditions de vie des clients.
Forte de ses 15 ans d'expérience, Free Time bénéficie d'un réel savoir-faire permettant de satisfaire ses clients. Ceux-ci peuvent ainsi profiter de leur temps libre et n'ont plus à se préoccuper des tâches du quotidien.
Vous êtes en PFMP au sein de l'entreprise et êtes en relation avec les clients, les prospects et les conseillers commerciaux. Vous travaillez sous la responsabilité de M. Farés, responsable du service client.

Référentiel	Compétences	Savoirs associés
Accueil	Identifier le public et repérer ses caractéristiques	Les acteurs internes et externes de l'organisation
Commerce et Vente	Intégrer l'omnicanal dans le processus de vente S'adapter au contexte commercial et au comportement du client Découvrir, analyser et identifier les besoins du client, ses motivations et ses freins éventuels	Les facteurs explicatifs du comportement d'achat Les besoins, les motivations, les freins Les facteurs personnels Les facteurs sociologiques

Activité 1 Identifier les consommateurs et leurs caractéristiques

Votre responsable vous explique qu'il est important d'identifier les consommateurs qui composent la clientèle de l'entreprise. Aussi, il vous demande d'étudier la typologie de ces derniers.
Prenez connaissance du **document 1**, de l'**annexe 1**, puis effectuez la tâche demandée.

Document 1 Les principaux types de consommateurs

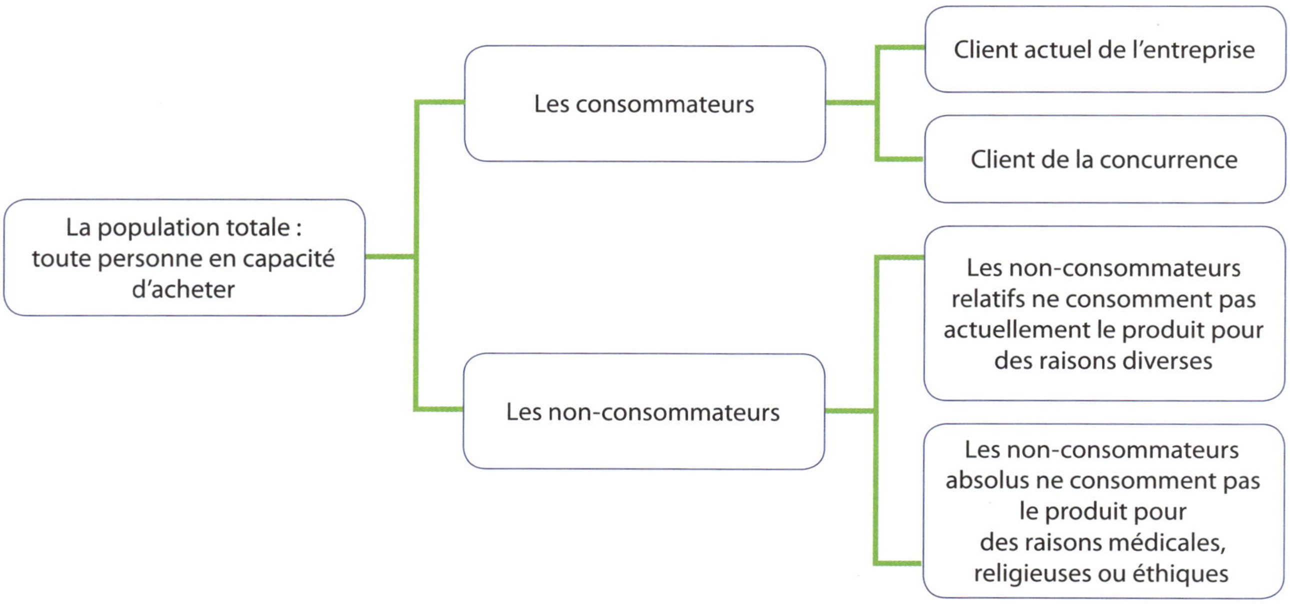

Votre tâche

- Complétez l'**annexe 1**. Analysez les différents types de consommateurs selon les situations présentées.

Annexe 1 Analyser les différents types de consommateurs

Situation	Type de consommateur
1. Je fais garder ma fille par la nounou de l'entreprise Gardy.	
2. Je ne dispose pas d'un budget suffisant pour faire appel aux services de votre entreprise.	
3. Je ne peux pas laisser quelqu'un faire le ménage à ma place car je suis trop exigeante.	
4. Je fais appel aux services de l'entreprise Free Time pour des heures de repassage.	

Activité 2 Identifier les différents types d'intervenants dans l'acte d'achat

Votre responsable vous explique que les services proposés sont destinés aux clients de l'entreprise. Il vous fait remarquer que certains clients ne sont pas forcément consommateurs du produit. Aussi, il vous demande d'analyser les types d'intervenants dans l'acte d'achat.
Prenez connaissance du **document 2**, de l'**annexe 2**, puis effectuez la tâche demandée.

Document 2 Les principaux intervenants dans l'acte d'achat

Le consommateur	• Il utilise le bien ou le service.
L'acheteur	• Il effectue l'achat du bien ou du service. Il le paie.
Le prescripteur	• Il conseille l'achat, il prescrit les biens ou les services à consommer.
Le leader d'opinion	• Il influence l'achat par sa notoriété (influenceur).
La rumeur	• Le bouche à oreilles permet d'émettre et de partager des avis sur un bien ou un service consommé avec son entourage.

Votre tâche

- Complétez l'**annexe 2**. Analysez les différents d'intervenants dans l'acte d'achat selon les situations présentées.

Annexe 2 Analyser les différents types d'intervenants lors de l'achat

Situation	Type d'intervenant
1. Vous avez un arrêt de travail de 15 jours : je vous conseille d'avoir une assistance à domicile.	
2. Je fais appel à un jardinier pour m'aider à entretenir mon espace vert de 1 500 m^2.	
3. Je fais garder mes enfants par une nounou qui va les chercher à l'école et les aide à faire leurs devoirs.	
4. Je suis ambassadrice de la marque Free Time et je suis ravie de leurs services. Je ne fais plus le ménage à la maison.	
5. Je vais faire appel à votre entreprise pour faire repasser les chemises de mon mari. Ma sœur n'arrête pas de me dire d'utiliser vos services.	
6. Je vais avoir besoin de votre entreprise pour une assistante à domicile pour ma mère âgée de 80 ans.	
7. Mes enfants sont contents de leur nounou car elle parle une langue étrangère et ils apprennent cette langue avec elle.	
8. J'ai souscrit avec l'aide de mon assurance une option incapacité temporaire et aide à domicile.	
9. J'ai besoin d'aide pour faire mon grand ménage de printemps.	
10. Je vais avoir recours à vos services de ménage pour nettoyer la salle lors du mariage de mon frère.	

Activité 3 S'adapter au comportement du client : le leader d'opinion

Votre responsable souhaite développer son activité et augmenter sa notoriété en véhiculant l'image d'une entreprise dynamique, réactive et active sur les réseaux sociaux. Pour ce faire, il souhaite faire appel à un leader d'opinion (influenceur), car il sait que c'est un véritable levier de croissance. Il vous sollicite donc pour l'étude de cette stratégie.

Prenez connaissance du **document 3**, puis effectuez la tâche demandée.

Document 3 Un influenceur, c'est quoi ? C'est qui ?

En 2018, les leaders d'opinion se mesurent par la taille de leur communauté : 29 % des influenceurs ont entre 1 000 et 5 000 abonnés, 18 % sont suivis par 5 000 à 10 000 personnes, 82 % des influenceurs ont entre 1 K et 50 K abonnés.

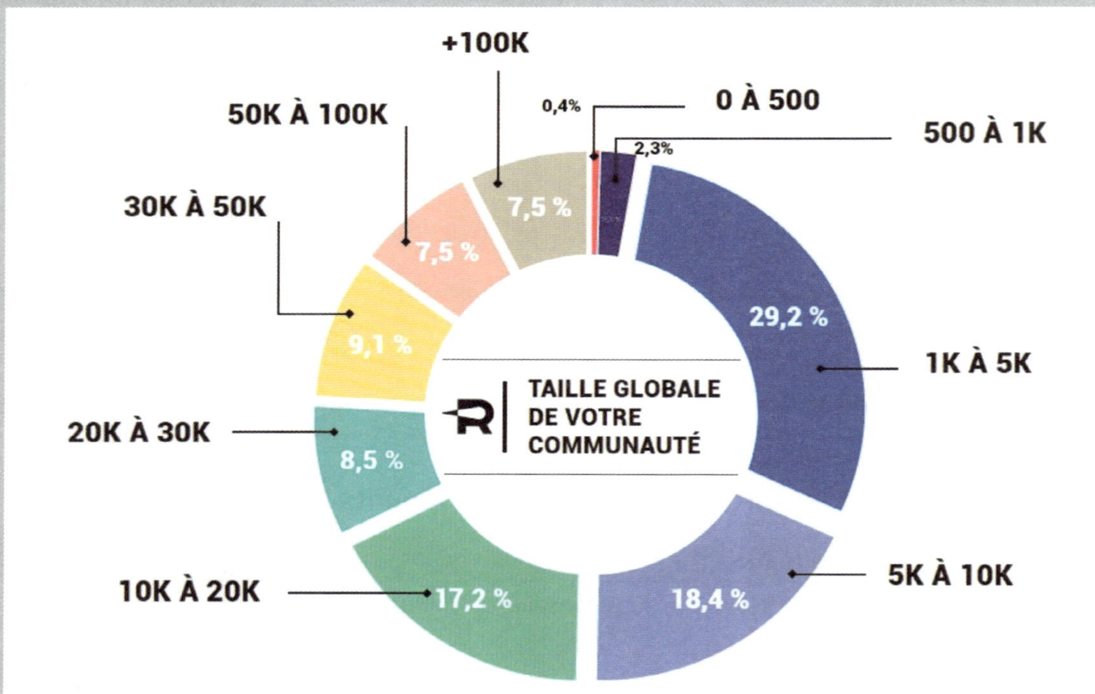

Étude Reech

L'ancienneté est un facteur déterminant pour se constituer une communauté. Ainsi, plus de 50 % des influenceurs qui ont plus de 100 000 followers ont plus de 4 ans d'ancienneté.

C'est sur Instagram que les influenceurs recueillent le plus d'engagement (à 72 %), suivi de très loin par YouTube (9 %) et Facebook (7 %). Petite nouveauté en 2019, TikTok (1 %) arrive pour la première fois dans le classement et se positionne directement à la septième place, juste derrière Pinterest (1,7 %) et devant Snapchat (0,7 %).

Enfin, être influenceur est une activité solitaire :

- 87 % des sondés s'occupent seul de leur réseau.
- 6 % le gèrent à plusieurs.
- 3 % bénéficient d'un photographe.
- 2,7 % ont un agent.

Influenceurs et marques, une histoire qui dure

Les marques sont davantage enclines à nouer une relation avec un influenceur naissant. En 2019, 37 % des influenceurs avaient une communauté de moins de 1 000 followers lors de leur premier partenariat (contre 29 % en 2018).

Encore une fois, Instagram tire son épingle du jeu et reste le premier réseau social sollicité par les marques avec 67 % des demandes. Les blogs (18,5 %) et YouTube (8 %) complètent le podium. Là aussi, TikTok émerge avec 0,4 % des demandes.

La création de partenariats entre une marque et un influenceur est désormais un levier marketing bien installé. 63 % des influenceurs ont reçu davantage de demandes en 2018 qu'en 2017.

Mais que se cache-t-il derrière ces sollicitations ?
- 75 % des cas concernent un placement de produits.
- 30 % sont basés sur le partage d'un code promo.
- 7 % consistent à relayer une information.
- 6 % sont des opérations de co-création.

Les partenariats sont instaurés de manières très transparentes. 96 % des influenceurs en informent leur audience (via un hashtag ou un remerciement à l'annonceur). Ils sont globalement bien perçus par l'audience dans 77 % des cas. Par contre, les influenceurs sont encore mal informés des règles à suivre : 56 % ne connaissent pas ou peu la réglementation de l'Autorité de Régulation Professionnelle de la Publicité concernant ces contenus promotionnels.

Enfin, le marketing d'influence est souvent peu ou pas payé. 63 % des partenariats ne sont pas rémunérés. Pour ceux qui le sont, 87 % touchent une rémunération de moins de 500 €.

www.blogdumoderateur.com

Votre tâche

1. Présentez les caractéristiques d'un influenceur.

....

....

....

....

....

....

2. Indiquez comment est mesuré l'impact d'un influenceur. Donnez des exemples chiffrés.

....

....

....

....

....

3. Expliquez les raisons pour lesquelles une marque collabore avec un influenceur.

....

....

....

....

....

....

....

....

4. Énumérez les réseaux sociaux qui sont le plus sollicités par les marques.

....

....

....

....

Activité 4 Dresser le profil type du consommateur

Votre responsable continue de vous expliquer la nécessité de bien connaître son client afin de lui proposer le produit adapté à son besoin. Par conséquent, il vous demande de dresser le profit type du client de l'entreprise.

Prenez connaissance du **document 4**, puis effectuez la tâche demandée.

Document 4 Le profil du consommateur

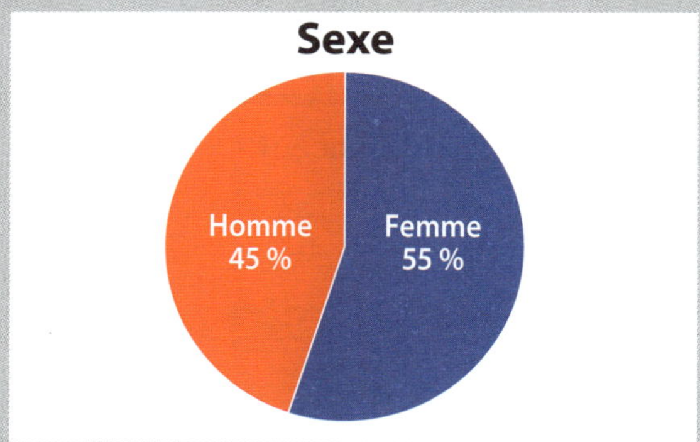

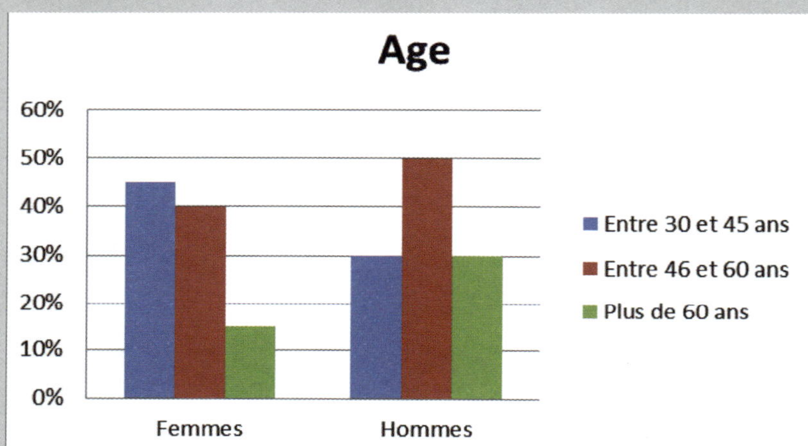

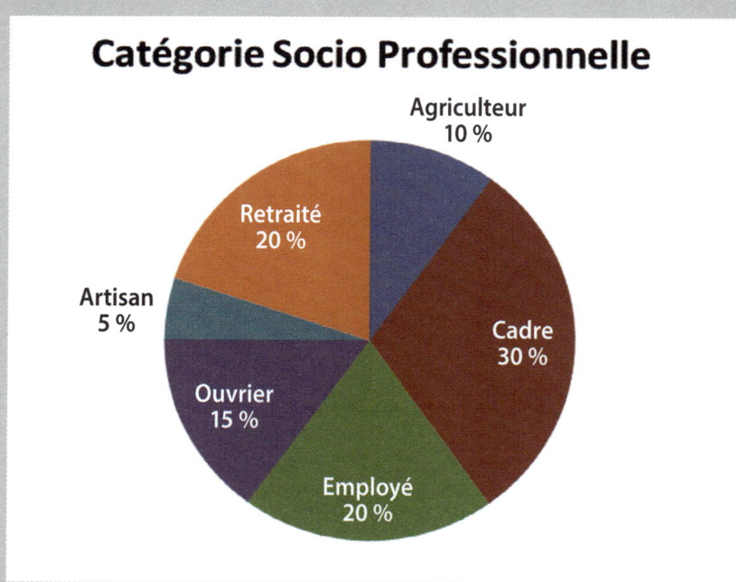

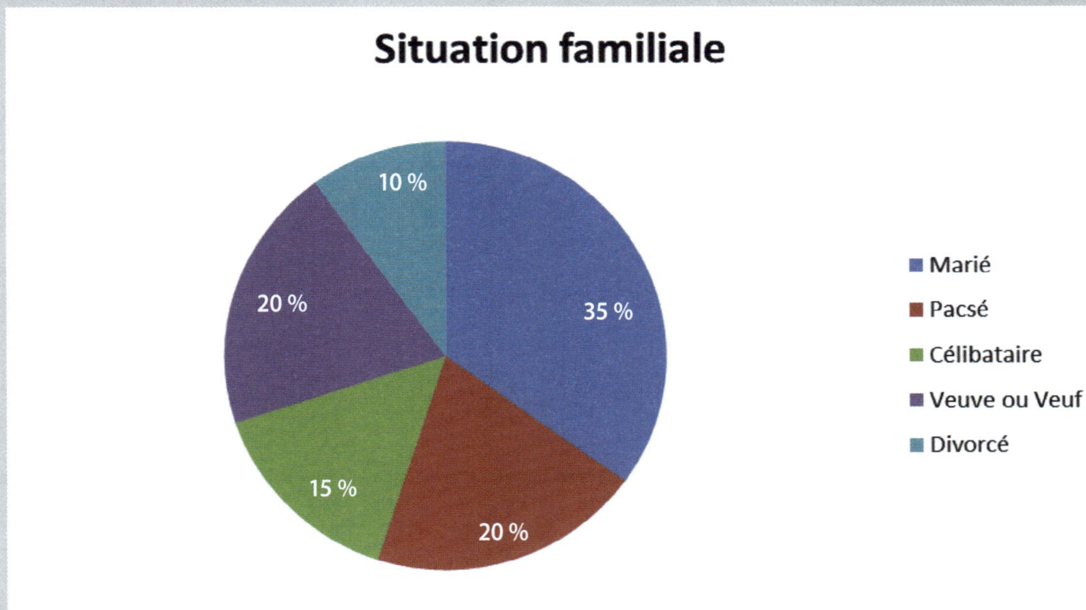
Situation familiale
10 %
20 %
35 %
15 %
20 %
Marié
Pacsé
Célibataire
Veuve ou Veuf
Divorcé

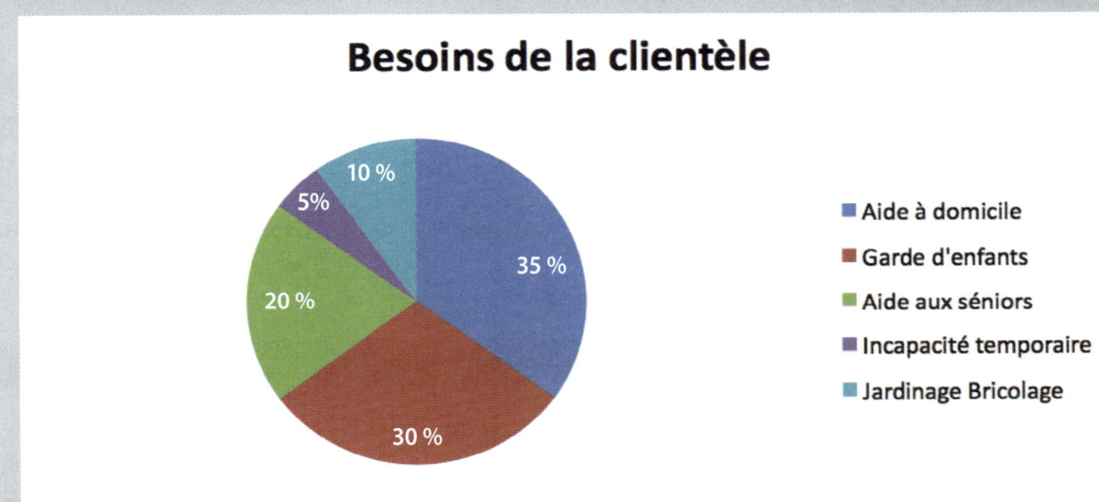
Besoins de la clientèle
10 %
5%
35 %
20 %
30 %
Aide à domicile
Garde d'enfants
Aide aux séniors
Incapacité temporaire
Jardinage Bricolage

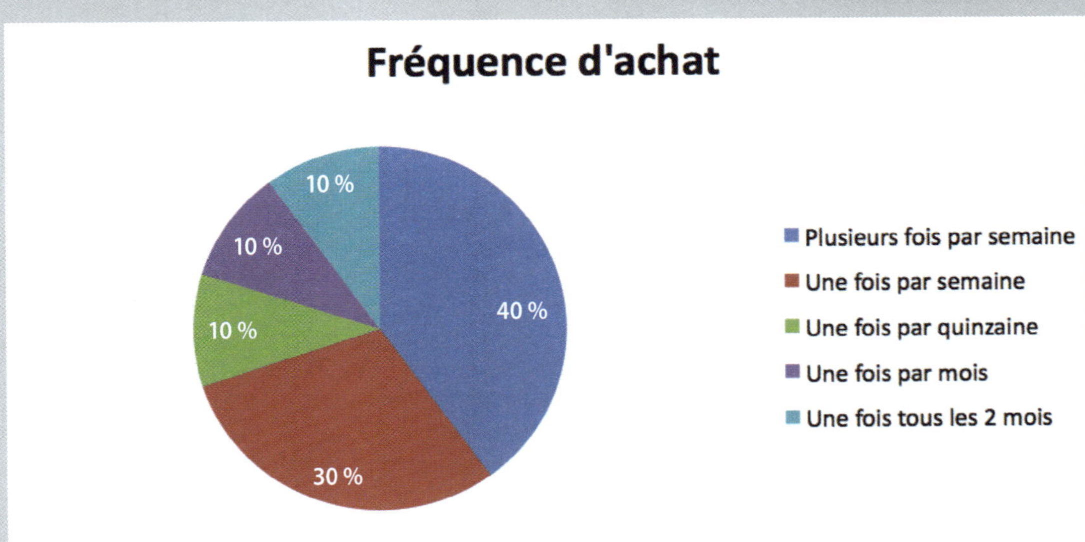
Fréquence d'achat
10 %
10 %
40 %
10 %
30 %
Plusieurs fois par semaine
Une fois par semaine
Une fois par quinzaine
Une fois par mois
Une fois tous les 2 mois

Votre tâche

1. Énumérez les critères qui permettent d'étudier le profil de la clientèle.

....

....

2. Dressez le profil type de la clientèle de l'entreprise.

....

....

....

....

Activité 5 Caractériser le comportement d'achat du client

Votre responsable vous explique désormais que chaque client a des caractéristiques spécifiques. Il est important de les étudier pour connaître l'attitude et le comportement d'achat du client afin de pouvoir lui proposer le produit qui répondra à sa demande.

Prenez connaissance des **documents 5** et **6**, de l'**annexe 3**, puis effectuez la tâche demandée.

Document 5 Les différents types d'achat

Type d'achat	L'achat réfléchi	L'achat impulsif	L'achat habituel
Principe	L'acheteur consacre beaucoup de temps avant de prendre sa décision d'achat. Il prend en compte plusieurs facteurs : budget, produit innovant, avis des consommateurs…	C'est un achat effectué avec un minimum de temps de réflexion, l'acheteur agit sous le coup de l'émotion.	Il s'agit d'un achat récurrent, périodique ou d'une fidélité à une marque ou à un produit.
Exemple	Achat d'une voiture.	Achat d'un vêtement coup de cœur vu en vitrine.	Achat d'une baguette dans sa boulangerie habituelle.

Document 6 Les motivations et les freins à l'achat

- **Les motivations rationnelles**

Le client perçoit la valeur du produit comme répondant à ses intérêts, ou possédant plus de bénéfices que d'inconvénients pour lui.
La motivation rationnelle induit, en revanche, le frein selon lequel le produit présente plus de désavantages que de bénéfices.

- **Les motivations hédonistes**

La recherche du plaisir est un levier très fort de motivation. Le produit offre alors la promesse de ce plaisir.
Le frein traditionnel à la motivation hédoniste est une valeur perçue comme possiblement désagréable, la crainte qu'un écart existe entre la promesse et la réalité du produit.
Le marketing utilise beaucoup le ressort du plaisir dans la publicité, le design du produit ou son positionnement. Ici, la valeur perçue est essentielle.

- **Les motivations éthiques**

L'achat éthique se fonde sur un devoir moral, la satisfaction de faire une bonne action.

Le frein à ce type d'achat est de ne pas être en accord avec les convictions véhiculées par le produit.
Le marché du bio en est un parfait exemple. Acheter des pommes bio est faire un geste pour l'environnement. Moins de pesticides, moins d'eau, pas d'OGM, pense-t-on. Mais des fruits plus chers et plus laids, que certains pensent, à tort ou à raison, moins savoureux. Cet achat récompense également les efforts et la démarche éthique engagée par le producteur. Le frein à cet achat, pour un consommateur, peut être le doute vis-à-vis du label « bio » qui est peu normé.

Les motivations sont-elles conscientes ou inconscientes ?
Puisque nous sommes ici dans la psychologie du consommateur, la question se résume vite. L'état de satisfaction est-il constant ? Non. La tension naissant de l'insatisfaction à des besoins l'est-elle aussi ? Pas davantage.
Si l'on se fonde sur **la pyramide de Maslow**, on conçoit que les besoins primaires soient récurrents, comme la faim, la soif… Ils sont donc latents, et passer devant une boulangerie qui sent bon donne faim.
Cela devient plus complexe au fur et à mesure que l'on grimpe les échelles de la pyramide de Maslow. Une marque sert souvent de déclencheur. Par exemple, croiser le logo Nike sur des affiches publicitaires, dans la rue ou le métro, ne donne pas envie de courir. Mais il fait appel à l'insatisfaction du désir d'accomplissement personnel, motivation très forte. Nike, c'est la performance et la réussite des plus grands champions.

• Les freins de la raison restent les plus forts
Mais il faut se méfier de l'axiome de la publicité de masse qui, depuis les années 40 jusqu'aux années 80, prétendait que la publicité pouvait induire un comportement. Cela n'est pas le cas, car un consommateur décidé n'achètera pas un produit. Pourquoi ? Parce que les freins de sa raison restent les plus forts. Quelqu'un qui a par exemple décidé que son budget personnel, serré, serait alloué au bien-être de ses enfants, ne prendra pas de crédit pour une voiture de luxe qui pourtant le satisferait pleinement. Il s'endettera moins et optera pour une familiale peu sexy mais très fonctionnelle. C'est toute l'histoire du Renault Scenic.

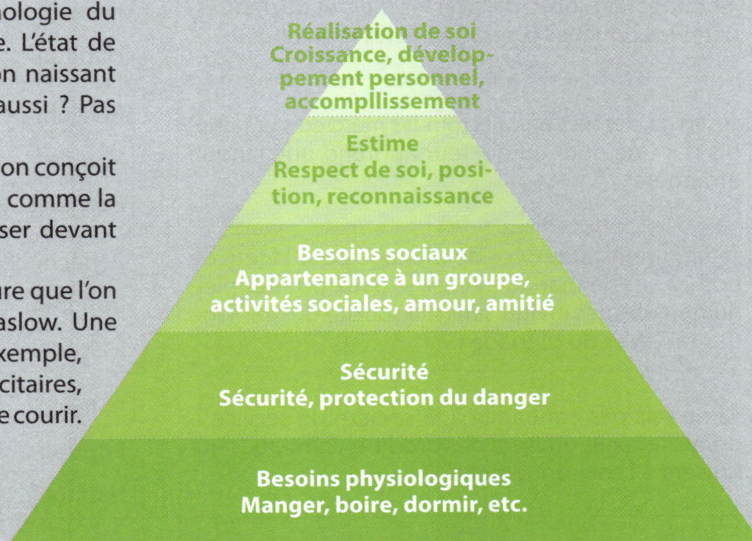

www.consultant.borisfoucaud.com/motivations-freins-marketing/

Votre tâche

1. Expliquez la notion de motivation à l'achat.

....

2. Rappelez les types de motivation et leur intérêt.

....

....

....

....

....

....

3. Expliquez la notion de frein à l'achat. Justifiez.

....

....

....

....

4. Complétez l'**annexe 3**. Analysez les situations et, pour chaque client, indiquez s'il s'agit :
- d'un achat réfléchi, d'un achat impulsif ou d'un achat habituel,
- d'une motivation rationnelle, hédoniste, éthique ou d'un frein psychologique ou éthique.

Annexe 3 Analyser les types d'achat, leurs motivations et leurs freins

Situation	Type d'achat	Type de motivation	Type de frein
1. C'est bientôt le printemps, j'ai vraiment besoin d'aérer toutes les pièces, de laver les murs et de dépoussiérer les bouches d'aération et les radiateurs.	☐ Réfléchi ☐ Impulsif ☐ Habituel	☐ Rationnelle ☐ Hédoniste ☐ Éthique	☐ Psychologique ☐ Éthique
2. Je fais garder mes enfants tous les mercredis et samedis par une nounou qui leur apprend une langue étrangère.	☐ Réfléchi ☐ Impulsif ☐ Habituel	☐ Rationnelle ☐ Hédoniste ☐ Éthique	☐ Psychologique ☐ Éthique
3. Je fais appel au service de ménage pour la fête de nos 20 ans de mariage. Ainsi, je peux profiter pleinement de mes invités sans me soucier du dressage des tables et du ménage !	☐ Réfléchi ☐ Impulsif ☐ Habituel	☐ Rationnelle ☐ Hédoniste ☐ Éthique	☐ Psychologique ☐ Éthique
4. Je ne fais pas confiance à la société de service à domicile car ils utilisent des produits chimiques qui nuisent à l'environnement.	☐ Réfléchi ☐ Impulsif ☐ Habituel	☐ Rationnelle ☐ Hédoniste ☐ Éthique	☐ Psychologique ☐ Éthique
5. J'ai un jardinier qui entretient ma pelouse tous les samedis.	☐ Réfléchi ☐ Impulsif ☐ Habituel	☐ Rationnelle ☐ Hédoniste ☐ Éthique	☐ Psychologique ☐ Éthique
6. Une assistante de vie s'occupe de ma mère de 80 ans pour l'aider à faire sa toilette, son repas et son ménage à domicile. Cela me soulage et me permet de passer du temps avec ma mère.	☐ Réfléchi ☐ Impulsif ☐ Habituel	☐ Rationnelle ☐ Hédoniste ☐ Éthique	☐ Psychologique ☐ Éthique
7. Je suis banquier et j'ai beaucoup de réunion avec les clients qui m'imposent une tenue vestimentaire adaptée. J'ai donc un service de repassage pour mes costumes et mes chemises tous les lundis.	☐ Réfléchi ☐ Impulsif ☐ Habituel	☐ Rationnelle ☐ Hédoniste ☐ Éthique	☐ Psychologique ☐ Éthique
8. Je ne peux pas laisser mes enfants à n'importe qui, j'ai trop peur !	☐ Réfléchi ☐ Impulsif ☐ Habituel	☐ Rationnelle ☐ Hédoniste ☐ Éthique	☐ Psychologique ☐ Éthique
9. Je ne possède pas de véhicule, c'est pourquoi je fais appel ponctuellement à la société pour le ramassage et l'évacuation de mes déchets verts à la déchetterie.	☐ Réfléchi ☐ Impulsif ☐ Habituel	☐ Rationnelle ☐ Hédoniste ☐ Éthique	☐ Psychologique ☐ Éthique
10. Je déteste m'occuper de mon linge, donc une fois par semaine, la société s'en occupe. Je n'ai rien à faire, c'est super !	☐ Réfléchi ☐ Impulsif ☐ Habituel	☐ Rationnelle ☐ Hédoniste ☐ Éthique	☐ Psychologique ☐ Éthique

TRAVAUX PRATIQUES 3 Jouets Fun

SITUATION

Vous êtes en PFMP au sein du magasin Jouets Fun, situé à Grenoble (38). Cette unité commerciale est un véritable expert du jouet. Elle propose des articles de qualité de tout univers (bébé, enfant et adulte), tout en privilégiant les conseils et les services proposés à sa clientèle.

Vous êtes en PFMP au sein du magasin et êtes en relation avec les clients, les prospects et les conseillers commerciaux. Vous travaillez sous la responsabilité de M. NDIAYE, Directeur du magasin.

Activité 1 Identifier les différents types d'intervenants dans l'acte d'achat

Vous êtes sur la surface de vente, des clients se présentent à vous pour vous demander de l'aide. Vous les prenez en charge.

Prenez connaissance de l'**annexe 1**, puis effectuez la tâche demandée.

Votre tâche

- Complétez l'**annexe 1**. Analysez, selon les situations présentées, les différents types d'intervenants dans l'acte d'achat.

Annexe 1 Analyser les différents intervenants lors de l'achat

Situation	Type d'intervention
1. Je souhaite offrir la Nintendo Switch pour l'anniversaire de mon fils.	
2. Ma fille me demande le jouet qui permet de fabriquer des crèmes glacées.	
3. Ma sœur vient d'accoucher d'une petite fille et je cherche un cadeau de naissance assez spécial.	
4. Mon fils participe à la fête d'anniversaire d'un camarade de classe et je recherche un cadeau pour un garçon de 8 ans.	
5. J'ai vu sur Youtube une vidéo montrant l'utilisation d'un robot chien interactif.	
6. Mon filleul commence à dire quelques mots et je recherche un cadeau ludique, type livre d'éveil.	
7. Mon fils me réclame le même jouet que son copain d'école.	
8. Je réaménage la chambre de mes jumelles de 4 ans et je recherche du mobilier adapté.	
9. C'est bientôt le printemps et je souhaite offrir à mon fils de 5 ans une trottinette.	
10. Mon fils adore les jeux de construction ! Je cherche les nouveautés de cette saison.	

Activité 2 Dresser le profil type du consommateur

Votre responsable vous explique la nécessité de bien connaître son client afin de lui proposer le produit adapté à son besoin. Par conséquent, il vous demande de dresser le profit type du consommateur de jouets.

Prenez connaissance du **document 1**, puis effectuez la tâche demandée.

Document 1 Le profil du consommateur de jouets

Quelques jours avant Noël, le CREDOC révèle les résultats d'une étude récente sur les jouets et les jeux... Motifs d'achat : des cadeaux destinés aux enfants, achetés essentiellement au prix normal, plusieurs fois par an, avec une nette prédilection pour les jeux/jouets de marque.
Sans surprise, les achats de jeux/jouets sont avant tout destinés aux enfants de l'acheteur (36 % des actes d'achat) et aux autres personnes de la famille (33 % des actes). Une fois sur cinq, le produit est destiné à l'acheteur lui-même.
Deux fois sur trois (67 %), il s'agit de faire un cadeau, tandis que dans un peu plus d'un acte d'achat sur quatre (29 %), il n'y a pas de motif particulier à l'achat. Les quelques rares cas restants correspondent essentiellement à la recherche d'une bonne affaire.

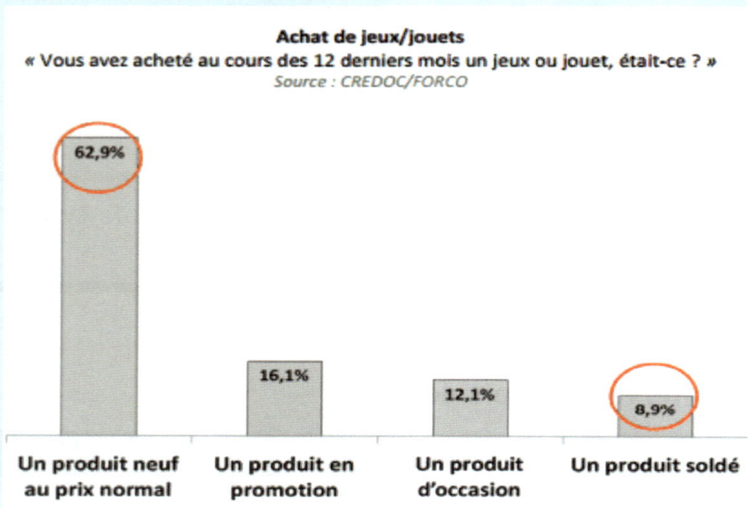

Les Français achètent des jeux/jouets près de deux fois sur trois au prix normal, tandis que moins d'un achat sur dix est réalisé en soldes (9 %). Les produits d'occasion (12 %) priment sur ceux en solde (9 %).
Les acheteurs, notamment les plus âgés, privilégient les produits de marque. Parmi les plus de 60 ans, huit acheteurs sur dix choisissent un produit de marque, tandis qu'un sur dix opte pour un produit de marque distributeur et un sur quinze pour un premier prix.
43 % des Français réalisent entre 3 et 6 achats de jeux/jouets chaque année. 37 % en achètent une à deux fois par an.

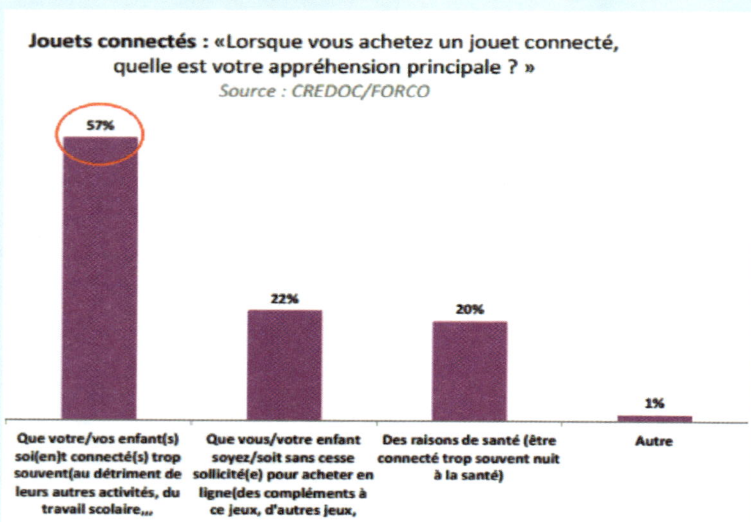

Zoom sur les jouets connectés : l'appréhension des parents
Lorsqu'ils achètent un jouet connecté, les Français souhaitent avant tout un mode d'emploi complet et compréhensible (77 % des actes). Seulement un Français sur cinq (21 %) souhaite bénéficier d'une explication par un vendeur au moment de l'achat.
Pour ce type de jouet, l'appréhension principale (57 % des cas) est le temps consacré par l'enfant à ce jouet, au détriment de ses autres activités et du travail scolaire. Les parents craignent également les sollicitations pour acheter en ligne des compléments à ce jeu ou à d'autres jeux.

www.afjv.com

Votre tâche

1. Dressez le profil type du client de jeux et jouets.

....

....

....

....

....

....

....

....

2. Énumérez les motivations d'achat de jeux et jouets. Justifiez.

....

....

....

....

....

....

....

....

....

3. Énumérez les freins qui empêchent l'achat.

....

....

....

....

....

....

....

....

....

....

....

SYNTHÈSE 3

IDENTIFIER ET CARACTÉRISER LE CLIENT

1. Identifier les différents types de consommateur

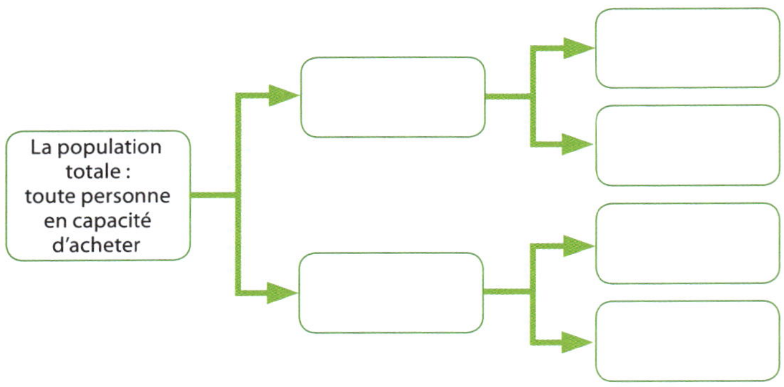

2. Identifier les différents types d'intervenants dans l'acte d'achat

3. Le profil type du consommateur

Les critères qui permettent de dresser le profil du consommateur sont :

....

....

....

4. Caractériser le comportement d'achat du client

Les différents types d'achat sont :

COMPÉTENCE 4 Proposer une solution adaptée

Mobilité urbaine

SITUATION

Vous êtes en PFMP chez MOBILITÉ URBAINE, spécialiste de la mobilité électrique situé à Lyon (69).
Le magasin situé à Lyon 6, à deux pas de la Paroisse St Pothin et des quais du Rhône, offre une large gamme de produits permettant aux clients d'opter pour un mode de déplacement écologique et alternatif aux transports en commun : trottinette adulte, scooter, vélo, skate ou mono roue… tout électrique.
Des nouveaux modèles de produits sont régulièrement proposés en magasin et sur le site Internet du point de vente afin d'apporter les dernières innovations en exclusivité.
Vous êtes rattaché au service commercial du magasin et êtes sous la responsabilité de M. SAMY, gérant du magasin. Vous prenez en charge les clients qui entrent dans le point de vente.

Référentiel	Compétences	Savoirs associés
Accueil	Co-construire avec le public la solution adaptée à ses besoins	La recherche de la solution adaptée au client/usager
Commerce et Vente	Intégrer l'omnicanal dans le processus de vente Présenter l'entreprise et/ou ses produits et/ou services Conseiller le client en proposant une solution adaptée Argumenter Réaliser une démonstration Répondre aux objections	Les outils d'aide à la vente Les facteurs explicatifs du comportement d'achat Le processus d'achat Les différentes étapes de la vente

Activité 1 Conseiller

Votre responsable vous explique que le magasin compte sur ses vendeurs pour conseiller les clients. La clientèle peut consulter la borne interactive implantée au sein du magasin pour se laisser guider. De plus en plus de clients attendent des conseils pour offrir un hoverboard adapté à une clientèle de plus en plus jeune.

Prenez connaissance des **documents 1** à **3**, de l'**annexe 1**, puis effectuez la tâche demandée.

Document 1 Définition du guide d'achat

Guide d'achat : compilation en mots et en images de produits destinés à la vente, sur Internet notamment, qui permet aux consommateurs de se faire une opinion qualitative. Il a pour vocation d'indiquer et d'orienter vers différents biens et services en fonction de différents critères tels que : le prix, la marque, le type d'usage, les avis des internautes.

Document 2 Informations utiles

L'hoverboard
L'hoverboard est un skate électrique gyrostabilisé conçu pour le transport personnel et le loisir. Il permet de se déplacer en ville comme à la campagne tout en s'amusant.

Les principaux avantages
- Écologique
- Simple d'utilisation

Temps d'apprentissage : 1 heure environ
Une fois les pieds mis sur les planches, la commande automatisée facilitera les déplacements. L'engin est très intuitif et est équipé d'un gyroscope permettant de garder l'équilibre. Il suffit de se pencher vers la direction souhaitée pour se diriger.

L'âge
Il n'y a pas d'âge minimum. À 5 ans les enfants acquièrent un bon équilibre. À partir de 10 ans, l'enfant peut avoir une bonne maîtrise de l'engin.

Le poids de l'enfant
Un hoverboard est équipé de capteurs situés sous les pédales. La plupart des hoverboards demandent un poids minimum de 25-30 kg. Si l'enfant fait moins de 20 kg, l'hoverboard ne détectera pas sa présence.

L'autonomie de l'hoverboard
En fonction de la puissance de la batterie, l'hoverboard va pouvoir parcourir plus ou moins de kilomètres. L'autonomie d'un hoverboard dépend de plusieurs paramètres :
- **L'état du sol :** Plus le sol est cabossé, plus la batterie sera sollicitée.
- **Le poids :** Plus l'utilisateur est lourd, moins la durée de la batterie sera longue.
- **La vitesse et le style de conduite :** Une conduite nerveuse va diminuer l'autonomie de la batterie.

Les normes européennes
Lorsque le client achète un hoverboard, il s'assure qu'il s'agit d'un produit conforme aux normes CE. Il vérifie également que le produit soit aux normes UL (risques mécaniques, risques d'incendie et chocs électriques).

La sécurité
Pour une sécurité accrue, il est important que l'hoverboard possède des repose-pieds en caoutchouc antidérapant.
L'enfant doit impérativement porter un casque.

Le terrain
L'enfant pratique l'hoverbard sur différents terrains :
– à la maison ou sur terrain plat,
– sur des chemins de terre sèche,
– dans l'herbe et sur chemins forestiers.

La vitesse
Un hoverboard ne dépasse pas les 10 km/h.

Le design et la couleur
Dans les modèles d'hoverboard enfant, il existe :
- **Des modèles standards :** design classique avec motifs. Par exemple un modèle de couleur blanc avec des dessins de panda sur la plateforme.
- **Des modèles personnalisés :** le client, lors de la commande, effectue son choix de couleur parmi une large palette et peut ajouter des motifs (urbains, drapeaux, autres).

Options diverses

Certains modèles sont équipés d'options supplémentaires, telles que des lumières LED de couleur, une commande d'allumage ou encore la technologie Bluetooth reliée à des haut-parleurs, pour écouter de la musique tout en roulant.

Des conseils

Les premiers temps d'apprentissage, nous conseillons aux parents de rester près de leur enfant pour lui montrer les bons gestes de sécurité.

Les enfants qui manquent d'équilibre ou d'assurance peuvent opter pour une autre solution : le kit pour hoverboard : l'hoverkart.

NOS MODÈLES

Modèles	Couleur	Roues	Poids minimum	Autonomie batterie	Terrain	Options
OVERKID	Modèle standard	6,5 pouces	20 kg	10 km	À la maison ou sur terrain plat	Non
OVER1 OVER1+ OVERSLIDE OVERGRAB	Personnalisable sauf pour OVER 1	6,5 pouces	30-35 kg	15 km	À la maison ou sur terrain plat	Oui sauf pour OVER1
OVERFLIP	Personnalisable	8 pouces	30-35 kg	20 km	Sur des chemins de terre sèche	Oui
OVERCROSS	Personnalisable	10 pouces	30-35 kg	20 km	Dans l'herbe et sur chemins forestiers	Oui

NOS KITS DE PROTECTION

En plus de l'engin, des kits de protection pour les enfants comprenant un casque, des genouillères, des coudières et des protège-poignets existent en magasin, notre meilleure offre : le kit Urban-Skate.

Visuels

Enfant en équilibre

Hoverboards du point de vente

Document 3 Propos de votre responsable

Les clients sont de plus en plus nombreux à vouloir acquérir un hoverboard. Nous conseillons de plus en plus de parents et de grands-parents qui souhaitent en offrir un à leurs petits.

Aussi, nos clients sont hyper-connectés, ils ont besoin de conseils en ligne, sur leur smartphone, avant et pendant leurs visites en magasin. Nos vendeurs sont présents, mais les clients souhaitent rester autonomes.

Nous envisageons de mettre en ligne un guide d'achat. Les clients auront les principaux conseils.

Ce guide doit être synthétique. Il doit respecter la présentation suivante :

- Une structure sous forme de questions.
- Des réponses en employant la première et la deuxième personne du pluriel.
- Des visuels, placés judicieusement afin d'illustrer le guide.
- Des exemples à partir de nos propres références-produit.
- Des liens hypertextes vers d'autres pages de notre site.
- Et bien sûr une mise en forme attrayante.

Votre tâche

- Complétez l'**annexe 1** ou utilisez une feuille blanche : construisez un guide d'achat permettant d'informer et de conseiller les clients souhaitant acquérir un hoverboard pour enfant.

Annexe 1 Guide d'achat

Activité 2 Proposer une solution adaptée

Votre responsable vous demande de prendre en charge les clients. Une fois la recherche des besoins effectuée et les conseils apportés, le conseiller de vente sélectionnera le produit permettant de répondre aux attentes du client.

Prenez connaissance du **document 4**, de l'**annexe 2**, puis effectuez la tâche demandée.

Document 4 Les produits

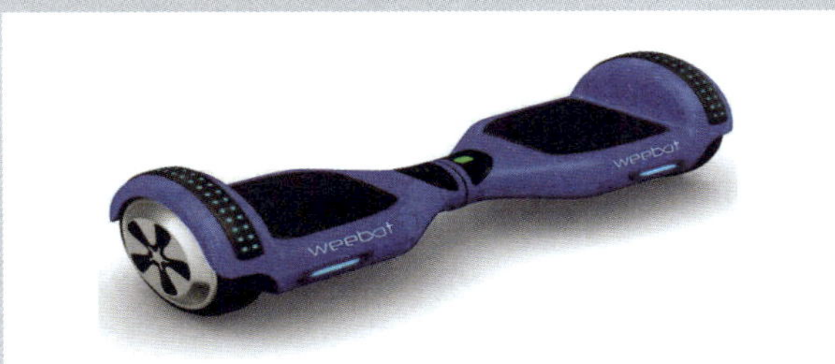

Hoverboard OVER1+
Light Bleu LED Bluetooth Musique

Hoverboard OVERCROSS
Original Tout Terrain 800 W

Hoverboard OVERKID pour enfant

Hoverboard OVER1 Classic Noir – 6,5 pouces

Votre tâche

• Complétez l'**annexe 2** : sélectionnez le produit adapté à la demande de chaque client.

Annexe 2 Les demandes des clients

Client	Produit adapté
1. Mme GINON Je souhaite faire un cadeau à mon fils qui pratique des sports de glisse. Il est avide de grandes sensations.	
2. M. JUNON Je souhaite me promener le dimanche en ville tout en écoutant de la musique… Tout pour me détendre !	
3. M. MOUSSA Ma petite fille est une vraie sportive ! Elle a un petit skate. Mais commence déjà à s'en lasser. Alors pour ses 6 ans, j'envisage de lui offrir un hoverboard.	
4. Mme PHILIPON Je souhaite pouvoir commuter entre les transports en commun (bus, RER, métro...) et gagner du temps sur le dernier kilomètre de mon parcours.	

Activité 3 Argumenter

Les clients s'intéressent beaucoup au kit pour hoverboard. Cet accessoire permet d'utiliser autrement cet engin. Votre responsable souhaite préparer la documentation nécessaire : la fiche produit et l'argumentaire de vente à utiliser.

Prenez connaissance des documents 5 et 6, des annexes 3 et 4, puis effectuez la tâche demandée.

Document 5 Argumenter

Une fois que le vendeur a identifié les motivations d'achat du client, il construira une **argumentation personnalisée**. Il sera plus efficace et plus crédible en montrant qu'il sait être à l'écoute des besoins et qu'il sait y répondre avec un produit adapté.
L'argumentation consiste à **cibler une caractéristique** d'un produit et expliquer en quoi il s'agit d'un **avantage** pour le client.
L'argument est une caractéristique du produit qui devient un avantage pour le client et que l'on peut lui démontrer par une **preuve**.

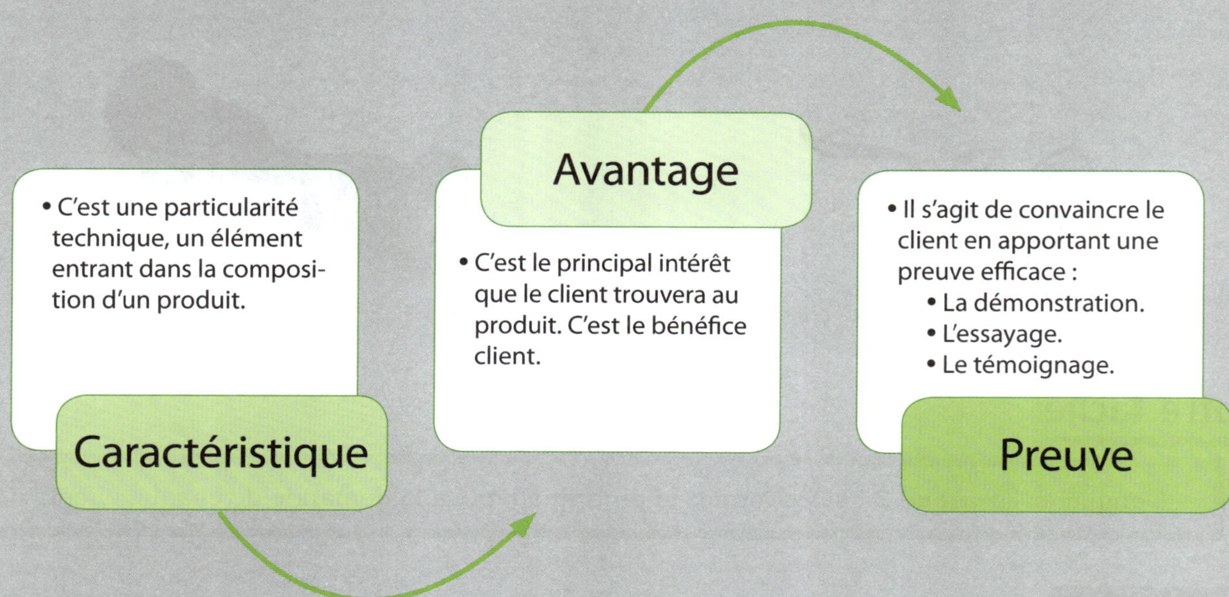

Document 6 Hoverkart

L'hoverkart est un **accessoire de l'hoverboard**. Il s'agit d'un kit qui vient se clipser sur l'hoverboard. Le kit dispose d'un siège fixé à des barres au bout desquelles se trouve une petite roue. De ce fait, l'hoverboard, lui-même doté de 2 roues, se transforme en **kart à 3 roues avec un siège**. Le kart kit peut se fixer sur plusieurs tailles d'hoverboard et s'adapte aux petites et grandes tailles.

Votre tâche

1. Complétez l'**annexe 3** : identifiez et fléchez les différents éléments d'un hoverkart pour hoverboard.
   - Le siège baquet,
   - Les deux leviers d'accélération,
   - L'axe de direction ajustable,
   - La roue.

2. Reconstituez l'argumentaire de vente en l'**annexe 4** : pour chaque argument, reliez les points entre eux.

Annexe 3 Fiche technique Hoverkart

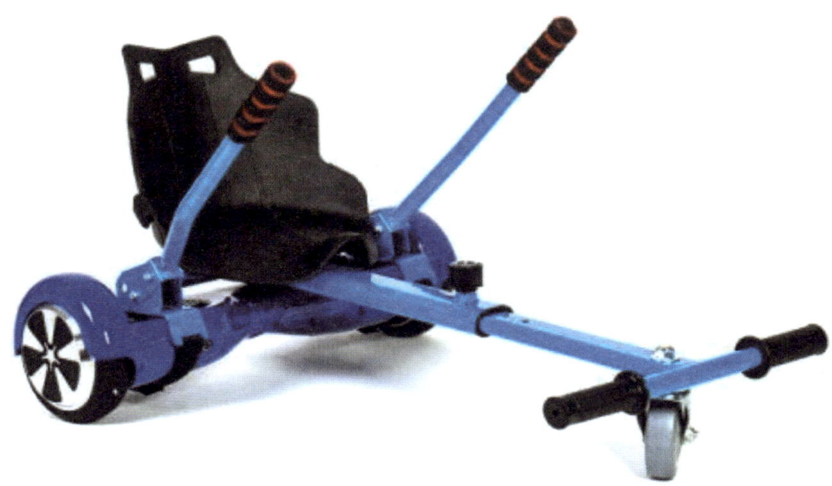

Annexe 4 Argumentaire de vente CAP de l'Hoverkart

Caractéristique			Avantage			Preuve
Hoverkart	•	•	Compatible avec tous les hoverboards du marché	•	•	Permet de s'installer et de piloter confortablement et sans efforts
Siège baquet	•	•	Ergonomique et confortable	•	•	Pour tous les hoverboards du marché, de taille 6.5 pouces, 8 pouces, 8.5 pouces et 10 pouces
Deux leviers d'accélération	•	•	Ajustable et adapté à toutes les morphologies	•	•	Permet de se déplacer et de piloter facilement, de faire des virages serrés, voire des weelings
Axe de direction ajustable	•	•	Grâce à sa structure métallique robuste fabriquée avec des matériaux solides	•	•	Compatibles pour petits et grands enfants et adultes
Roue 6 pouces	•	•	Abordable	•	•	Permet de rouler sur tout type de surface
129 €	•	•	Pivotante et adhérente	•	•	Il est le moins cher des kits pour hoverboards sur le marché

Activité 4 Réaliser une démonstration

Les clients qui le souhaitent peuvent tester le produit. La démonstration peut se faire avec l'aide du vendeur. Le client parfois préfère être seul pour tester le produit.
Vous utilisez l'affichage dynamique présent en rayon : il s'agit d'un écran permettant de diffuser en continu des informations.

Prenez connaissance du **document 7**, puis effectuez la tâche demandée.

Document 7 Manuel d'utilisation pour apprendre à conduire un hoverboard

Temps d'apprentissage : 1 heure environ
L'utilisation de l'hoverboard en pratique

1. Allumer l'hoverboard
Mettre en marche l'hoverboard en appuyant sur le bouton.
L'engin va alors émettre un son et les LED vont s'allumer. La plateforme doit être bien droite avant de monter dessus.

2. Monter sur l'hoverboard
Il ne faut jamais monter sur un hoverboard quand il est éteint : risque de chute.
Poser d'abord un premier pied à l'extrémité de la plateforme, puis poser le second à l'autre extrémité.
Se tenir droit et cherchez votre point d'équilibre.
Demander l'aide d'une personne pour prévenir tout risque de chute ou tout basculement vers l'avant.

3. Avancer avec l'hoverboard
En équilibre sur l'hoverboard, se pencher légèrement vers l'avant pour faire avancer l'engin.
Penser à garder les jambes bien droites et à répartir le poids du corps équitablement sur les 2 jambes.
Un capteur est installé sur l'appareil. Il risque d'ordonner l'arrêt de l'engin si la personne penche trop d'un côté.
Pencher doucement le corps vers l'arrière pour rouler en marche arrière.

4. Tourner avec un hoverboard
Pousser légèrement sur la jambe droite pour tourner à droite ou sur la jambe gauche pour tourner à gauche.
L'engin tourne grâce au transfert de poids.
Maintenir la pression de la jambe d'un côté permet à l'hoverboard d'entrer en rotation complète.
Il est recommandé de rester à faible vitesse pour tester ces manœuvres.
Enfin, il faut descendre de l'hoverboard à l'arrêt et toujours par l'arrière.

Sécurité d'utilisation d'un hoverboard
Il est contre-indiqué de rouler sur la voie publique et sans porter de protection.
L'hoverboard est équipé de LED permettant de signaler les changements de directions (comme les clignotants d'une voiture).

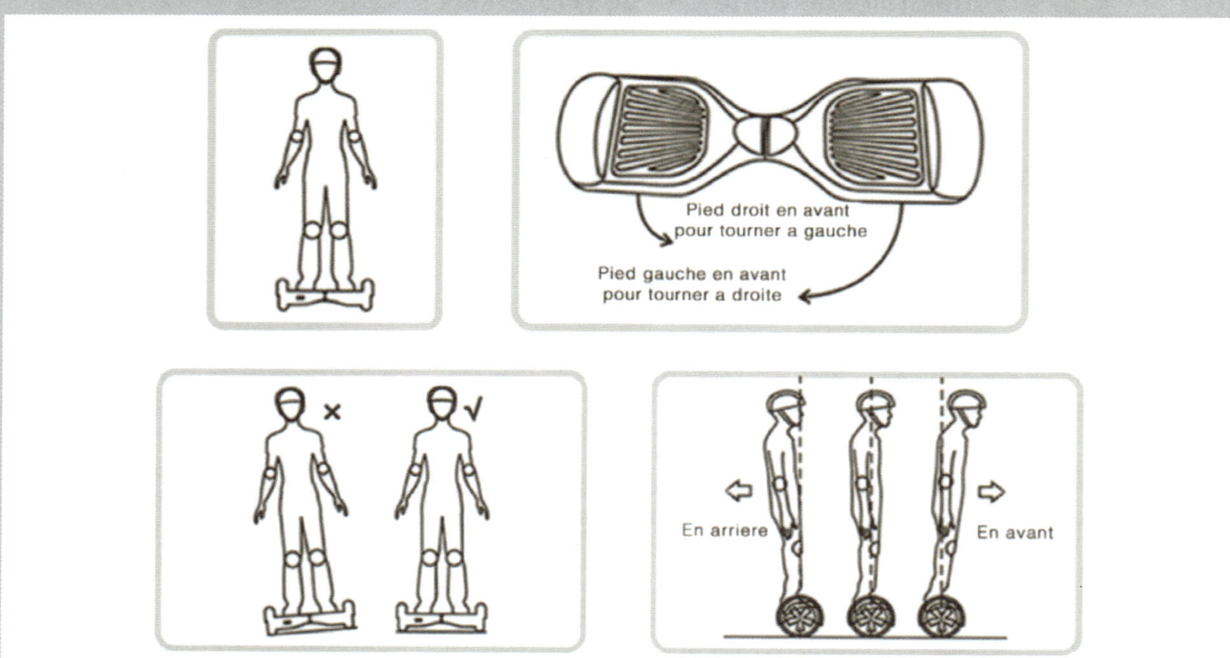

Votre tâche

- Rédigez une présentation, sous forme d'affiche dynamique (sur feuille blanche ou à l'aide du traitement de texte), permettant d'expliquer aux clients l'utilisation de l'hoverboard.

Activité 5 Répondre aux objections et finaliser l'offre

Une fois l'argumentation terminée, le client émet souvent des objections : le conseiller de vente va les identifier, les soulever afin de lui permettre de finaliser la vente.

Prenez connaissance des documents 8 à 10, des annexes 5 et 6, puis effectuez la tâche demandée.

Document 8 Traitement des objections

Les types d'objections	Le produit/le service	Le client	Le vendeur
Objection réelle fondée	La solution proposée ne correspond pas aux attentes du client.	C'est trop petit. C'est trop grand. Il n'y a pas la couleur. Il n'y a pas le bon matériau, la bonne matière.	Il doit faire préciser l'objection pour la cerner et la traiter. Proposer une solution approchante.
Objection réelle non fondée	La solution proposée correspond à ce qu'attend le client. Mais il hésite et manque d'arguments pour faire son choix.	C'est un cadeau, je ne suis pas sûre que cela plaise. J'ai un doute…	Le vendeur doit discuter avec le client pour identifier ce sur quoi il doute et concentrer son argumentation sur ce point.
Objection prétexte	Elle indique le désir du client de ne pas concrétiser l'acte d'achat.	Je n'ai pas le budget. Je vais réfléchir.	Cette objection est sans fondement objectif. Le vendeur doit laisser une ouverture et créer un climat sympathique sans insister.

Document 9 Les ventes additionnelles possibles

Casque

Antivol vélo

Panier pour trotinette

Rétroviseur de bras

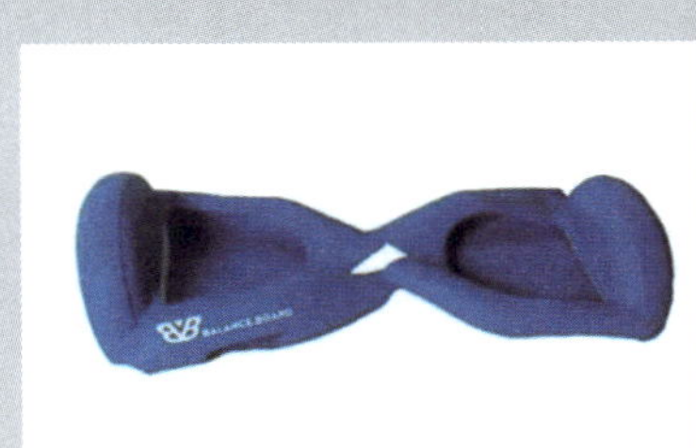
Housse de protection

Support smartphone

Document 10 Finaliser la vente

Finaliser la vente consiste à :
- S'assurer que le client a fait son choix et achète le produit.
- Lui suggérer un produit additionnel (vente additionnelle).
- Prendre congé avec la technique des 4 R : Rassurer, Raccompagner (en caisse et/ou vers la sortie), Remercier, Revoir (saluer et fidéliser).

Votre tâche

1. Complétez l'**annexe 5** : identifiez la nature de l'objection émise par le client.
2. Complétez l'**annexe 6** : finalisez la vente de Mme LEPIC qui vient de prendre un hoverboard pour son fils. Rédigez la phrase permettant de :
   a) proposer la vente additionnelle,
   b) formuler la prise de congé.

Annexe 5 Identifier les objections

Objections des clients	Nature de l'objection		
	Sincère fondée	Sincère non fondée	Prétexte
1. Cette trottinette est un peu lourde. Une fois pliée, j'ai peur qu'elle soit difficile à transporter.			
2. Je me demande réellement si l'autonomie de la batterie me permettra de faire le trajet quotidien domicile-travail avec cet hoverboard.			
3. J'ai l'impression que rouler avec cet hoverkart semble compliqué.			
4. M. GARVIN, en train de tester le produit depuis 5 minutes : « Je préfère voir les autres magasins en ligne, sur Internet il doit y avoir ce produit… »			
5. De toute façon, je suis juste venu voir si le produit était moins cher ici… Je vais attendre encore un peu…			
6. Son prix dépasse mon budget.			

Annexe 6 Finaliser la vente

....

....

....

....

....

TRAVAUX PRATIQUES 4 Électrotop

SITUATION

Vous êtes en PFMP chez Électrotop, situé à Marseille (13).

Cette enseigne fait partie d'un réseau de magasins d'équipement de la maison. Le client y trouve des produits (meuble, électroménager, décoration et cuisine) et des services (garantie, crédit, carte de fidélité et services de livraison…).
Vous êtes sous la responsabilité de Mme CASTILLO, chef de rayon : vous devez accueillir, conseiller, renseigner la clientèle et vendre les produits et services du point de vente.

Activité 1 Détecter les opportunités de vente additionnelles et les concrétiser

Vous prenez en charge, depuis un moment, une cliente, Mme BILLON.

Prenez connaissance des **documents 1** à **3**, de l'**annexe 1**, puis effectuez la tâche demandée.

Document 1 Mme BILLON

Mme BILLON est intéressée par une machine à pâtes.
Vous lui avez conseillé un produit en vente exclusivement sur le site du point de vente. Vous la conseillez, face à la borne tactile présente en magasin. Les opportunités de vente additionnelle sont nombreuses à l'écran.

Document 2 Le produit concerné

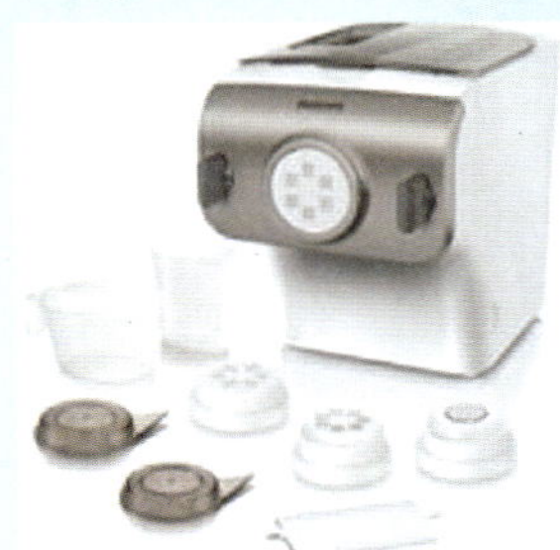

Machine à pâtes Philips Pastamaker HR2355/09

Mélanger, pétrir et extruder…

Exclusivité Internet !
149€00

Document 3 Les ventes additionnelles possibles

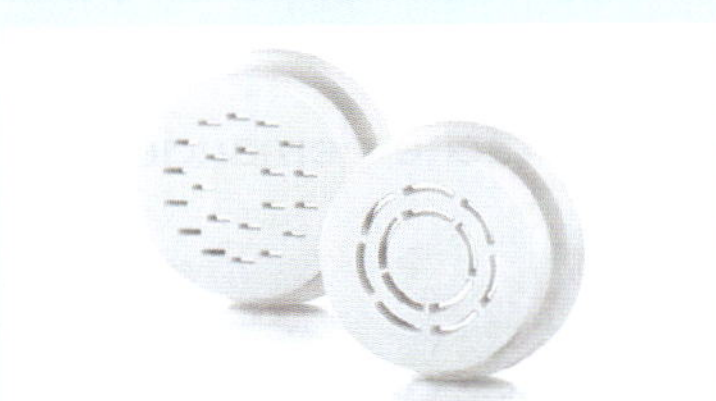

1. Disques de formes pappardelle/tagliatelle pour machine à pâtes 19,99 €

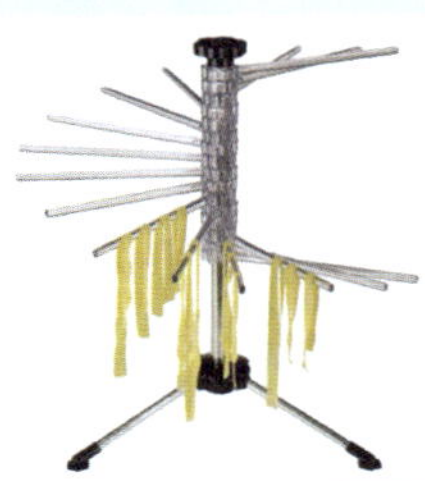

2. Séchoir à pâtes 29,99 €

3. Appareil de cuisson à pâtes 79,99 €

4. Balance 19,99 €

5. Déshydrateur 5 plateaux 79,99 €

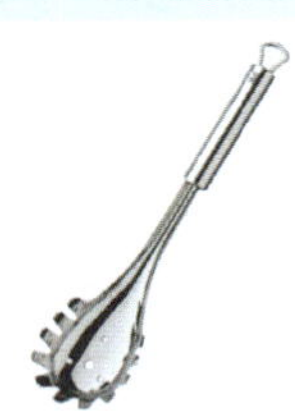

6. Cuillère 14,90 €

7. Livre de cuisine 39,00 €

8. Tablette tactile spéciale cuisine avec application à télécharger 259 €

Votre tâche

1. Complétez l'**annexe 1** : classez les produits proposés en ventes complémentaires ou supplémentaires.

2. Calculez, à cette étape de la vente, le montant à payer par Mme BILLON. Elle souhaite prendre avec son appareil, le séchoir à pâtes, le livre de cuisine, l'appareil de cuisson à pâtes et les disques de formes.

....

Annexe 1 Les ventes additionnelles

Ventes	Complémentaires	Supplémentaires
Produits		

Activité 2 Proposer les services associés

Vous continuez votre vente avec Mme BILLON. Vous lui proposez un service supplémentaire : la garantie commerciale du magasin. Elle souhaite en connaître les modalités pour l'appareil qu'elle désire acheter.

Prenez connaissance des **documents 4** et **5**, de l'**annexe 2**, puis effectuez la tâche demandée.

Document 4 Les différentes garanties

Quelles sont les garanties offertes pour l'achat d'un produit ?
Lorsque vous achetez un produit, vous pouvez bénéficier de trois garanties différentes :

- la **garantie légale de conformité** : elle peut être utilisée pour tous les défauts de conformité existant déjà à la date de livraison du produit. Par exemple, si le produit livré ne correspond pas à la description du vendeur (couleur, performance technique...) ou si le produit ne fonctionne pas selon l'usage attendu. Vous avez 2 ans à partir de la remise du bien pour la faire jouer. Le vendeur doit obligatoirement la proposer ;
- la **garantie légale des vices cachés** : elle vous protège contre les défauts cachés du produit. Vous avez 2 ans à partir de la découverte du défaut caché pour la mettre en œuvre. Le vendeur doit obligatoirement la proposer ;
- la **garantie commerciale ou contractuelle** : elle est facultative, gratuite ou payante et d'une durée variable. Le vendeur en définit librement le contenu qui doit être détaillé dans un contrat écrit. Elle s'ajoute aux garanties légales de **conformité** et des **vices cachés** mais ne s'y substitue pas.

https://www.service-public.fr

Document 5 La garantie commerciale du point de vente

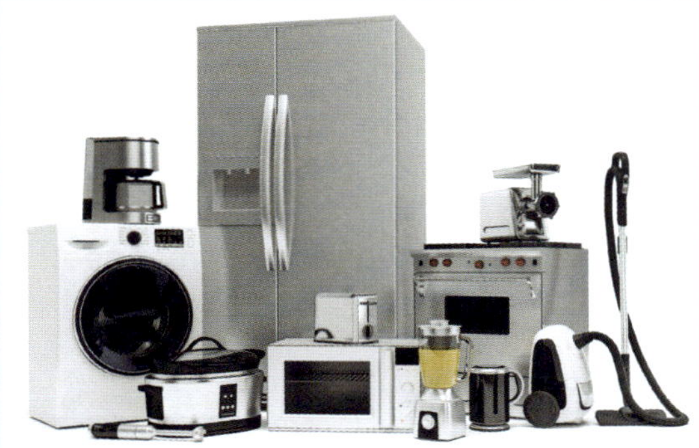

Garantie 2 ans pièces et main d'œuvre : **Gratuite**
Extension de garantie 3 ans : **15 €**

Votre tâche

1. Complétez l'**annexe 2** et cochez la case correspondante : pour chaque situation, identifiez la garantie à appliquer en cas de panne de l'appareil.

2. Calculez, à cette étape de la vente, le montant à payer par Mme BILLON. Elle prend, en plus du produit et des produits additionnels, l'extension de garantie proposée par le point de vente.

....

....

Annexe 2 Les différentes garanties

Situation	Garantie légale de conformité	Garantie légale des vices cachés	Garantie commerciale ou contractuelle
1. La machine commandée est le modèle HR2355/09. L'appareil livré est le modèle HR2235/09, un appareil d'entrée de gamme, vendu à un prix inférieur.	☐	☐	☐
2. La machine a été livrée dans une autre teinte que celle commandée.	☐	☐	☐
3. La vis permettant de pétrir la pâte émet un bruit étrange à chaque usage.	☐	☐	☐
4. Achat effectué il y a moins d'un an. Après quelques utilisations, l'appareil ne s'allume plus.	☐	☐	☐
5. Après 2 ans d'utilisation, la spirale d'extrusion s'emboîte mal dans l'appareil. Elle ne pétrit plus la pâte.	☐	☐	☐
6. Après 3 années d'acquisition, une petite quantité d'eau fuit de l'appareil.	☐	☐	☐

Activité 3 Mettre à disposition le produit

Le produit est en vente en ligne, il doit faire l'objet d'un acheminement. Vous proposez à Mme BILLON les différentes mises à disposition possibles.

Prenez connaissance des **documents 6** et **7**, de l'**annexe 3**, puis effectuez la tâche demandée.

Document 6 Informations utiles

Nous sommes le 8 janvier.

Coordonnées de Mme BILLON
5 rue Ferrari
13000 Marseille
06 54 34 56 78

Questions de Mme BILLON concernant la mise à disposition du produit :

- **a)** Quand puis-je être livrée ?
- **b)** Où puis-je être livrée ?
- **c)** Quels sont les délais de livraison ?
- **d)** Combien coûte la livraison ?

Document 7 Mise à disposition du produit

Mode de livraison		Lieu	Montant	Mise à disposition	Conditions de l'offre
Retrait	En magasin	Magasin	Gratuit	1 h après la commande	–
Point relais	Express	Point relais	3 €	Le lendemain à partir de 13 h	Gratuit pour une commande de plus de 20 €
	Standard	Point relais	3 €	Entre 3 et 5 jours	Gratuit pour une commande de plus de 20 €
	Consigne	Gare, centre commercial Point consigne	2,99 €	Le lendemain à partir de 13 h	–
Livraison	Le lendemain	Adresse au choix	7,90 €	Livraison le lendemain	Commande avant 17 h
	Sous 3 h	Adresse au choix	12,90 €	Livraison 3 h après validation de la commande	Commande avant 17 h
	Sur RDV	Adresse au choix	12,90 €	Le lendemain de la commande sur un créneau de 2 h au choix	Commande avant 17 h
	Sur RDV le dimanche	Adresse au choix	12,90 €	Le lendemain de la commande sur un créneau de 2 h au choix	Commande avant 17 h Livraison de 9 h à 13 h
	Standard	Adresse au choix	3 €	Entre 3 et 5 jours	Gratuit pour une commande de plus de 20 €

Votre tâche

1. Répondez aux questions posées par la cliente.
   a) Quand ? ....
   b) Où ? ....
   c) Quel délai de livraison ? ....
   d) Quel coût de livraison ? ....
2. Mme BILLON hésite entre quatre modes de livraison : le retrait en consigne, la livraison sur rendez-vous, la livraison le lendemain et la livraison standard. Complétez l'**annexe 3** : effectuez l'analyse de chaque mode de livraison et présentez leurs avantages.
3. Calculez, à cette étape de la vente, le montant à payer par Mme BILLON. Elle prend, en plus du produit et des ventes additionnelles, la livraison standard à domicile.

   ....

Annexe 3 Comparaison des modes de livraison

Type de livraison	Le retrait en consigne	La livraison sur rendez-vous	La livraison le lendemain	La livraison standard
Où				
Quand ?				
Combien ?				
Avantages pour la cliente				

Activité 4 La prise de congé

Vous venez de terminer votre échange avec la cliente. Vous prenez congé. La cliente va passer en caisse. Prenez connaissance du **document 8**, puis effectuez la tâche demandée.

Document 8 La prise de congé

Le client a signé, le moment est venu de se quitter.
Pour ce faire, vous pouvez utiliser les 5 R :
- Récapituler
- Rassurer
- Raccompagner vers un autre service/rayon, vers la caisse ou vers la sortie (avec la formulation adaptée)
- Remercier
- Revoir (fidéliser et saluer)

Votre tâche

- Effectuez la prise de congé de la cliente.

....

....

SYNTHÈSE 4

PROPOSER UNE SOLUTION ADAPTÉE

Carte mentale

Proposer une solution adaptée

Activité 2

Assurer le suivi de la relation client

COMPÉTENCE 5 Assurer le suivi de la relation client

Gliss'Store

SITUATION

Vous êtes en PFMP chez Gliss'store, situé à Paris (75). Depuis sa création, il y a 20 ans, Gliss'Store est l'espace de vente incontournable pour tous les passionnés de glisse urbaine.
Cet espace atypique propose, dans son magasin à Paris et sur le site www.glissstore.com, un large choix de produits tels que :

- rollers : street, freeskate, balade, vitesse et hockey,
- trottinettes : freestyle, adulte, électrique et enfant,
- boards : skateboard et longboard,
- vélos : électrique et BMX,
- vêtements et accessoires,
- services : cours de rollers, location de matériels, customisation, livraison, maintenance et installation du matériel.

Vous êtes en PFMP en tant que conseiller de vente au sein du magasin. Sous la responsabilité de Benoît VALINO, vous assurez l'accueil des clients, vous réceptionnez, contrôlez et réapprovisionnez les marchandises en rayon.

Référentiel	Compétences	Savoirs associés
Accueil	Finaliser la relation commerciale	Le parcours client, l'expérience client
Commerce et Vente	Intégrer l'omnicanal dans le processus de vente Proposer les produits et/ou services associés Détecter les opportunités de vente additionnelles et les concrétiser S'assurer de la disponibilité du produit Formaliser l'accord du client Mettre en place les modalités de règlement et de livraison Rassurer le client sur son choix Prendre congé	Les outils d'aide à la vente Les facteurs explicatifs du comportement d'achat Le processus d'achat Les différentes étapes de la vente Le règlement La livraison Le contrat de vente

Activité 1 S'assurer de la disponibilité du produit : les stocks

Votre responsable vous indique qu'il est important d'éviter les ruptures de stock afin d'optimiser les ventes et de satisfaire les clients. Il vous demande de contrôler le niveau des stocks à l'aide des outils dont vous disposez et de commander les articles qui viendraient à manquer.

Prenez connaissance des documents 1 à 3, des annexes 1 et 2, puis effectuez la tâche demandée.

Document 1 Les mouvements de stocks

Le **stock** est la quantité de marchandises présente au sein de l'unité commerciale et en réserve. Il connaît des variations en fonction des commandes effectuées, des ventes et des livraisons prévues.

On définit différents niveaux de stock :

Stock initial (SI) : état du stock au début d'une période.

Stock final (SF) : état du stock à la fin d'une période.

Stock minimum (SM) : état du stock qui correspond aux ventes durant le délai de livraison. Si l'entreprise n'a pas prévu de commander, elle risque alors la rupture de stock.

Stock de sécurité (SS) : quantité de produit à avoir en stock, en plus du stock minimum, qui permet de faire face aux retards de livraison et/ou aux ventes supplémentaires.

Stock d'alerte (SA) : état du stock qui déclenche la commande. Stock d'alerte = stock minimum + stock de sécurité.

Stock maximum : stock à ne pas dépasser pour des problèmes de place ou de coût de stockage.

Document 2 Définition : la fiche de stock

La fiche de stock est un document qui permet de tenir à jour l'état des stocks. Elle permet de suivre les mouvements de stock, c'est-à-dire de suivre les entrées (livraisons, achats) et les sorties (ventes) de marchandises.

La fiche de stock retrace l'historique des achats et ventes pour une même référence.

Document 3 Fiche de stock Trottinette TR15

FICHE DE STOCK				
Désignation : Trottinette électrique noire Birds			Référence : TR15	
Fournisseur : Speedwalking Délai de livraison : 7 jours			Cadence des ventes hebdomadaire : 5	
Stock minimum : 5		Stock d'alerte : 8		Stock maximum : 15
MOUVEMENTS DES STOCKS				
Dates	**Documents justificatifs**	**Entrées**	**Sorties**	**Stock**
	Solde dernière fiche de stock			3
02/09/N	Bon de réception n° 38	7		10
04/09/N	Bon de sortie n° 21		2	8
06/09/N	Bon de sortie n° 22		1	7
07/09/N	Bon de sortie n° 23		2	5

Votre tâche

1. Complétez l'**annexe 1** : analysez la fiche de stock et répondez aux questions figurant dans le tableau.

2. Complétez l'**annexe 2** : complétez les bons d'entrée et de sortie en fonction de la fiche de stock.

Annexe 1 Analyse d'une fiche de stock

Questions	Réponses
1. Qui est le fournisseur de la trottinette ?	
2. Quelle est la désignation du produit ?	
3. Quelle est sa référence ?	
4. Quel est le délai de livraison à partir de la commande ?	
5. Quel est le stock minimum ?	
6. Quel est le stock maximum ?	
7. Quel est le stock d'alerte ?	
8. Quelle est la cadence des ventes hebdomadaires ?	
9. À quoi correspondent les dates ?	
10. Que signifie la mention « Solde dernière fiche de stock » ?	
11. Comment a été calculé le stock du 02/09/N ?	
12. Comment a été calculé le stock du 04/09/N ?	
13. Que se passe-t-il pour l'état du stock du 06/09/N ? Que faut-il faire ?	
14. Que se passe-t-il pour l'état du stock du 07/09/N ?	

Annexe 2 Suivre les stocks

BON N°

Entrée ☐ Sortie ☐

Référence	Quantité

Date :

Visa :

BON N°

Entrée ☐ Sortie ☐

Référence	Quantité

Date :

Visa :

BON N°	
Entrée ☐	Sortie ☐
Référence	**Quantité**
Date :	
Visa :	

BON N°	
Entrée ☐	Sortie ☐
Référence	**Quantité**
Date :	
Visa :	

Activité 2 Mettre en place les modalités de livraison

Après avoir consulté et analysé l'état des stocks, votre responsable décide de commander des trottinettes électriques auprès de son fournisseur. Aussi, il vous demande de contrôler la livraison et la facture.

Prenez connaissance des documents 4 à 7, de l'annexe 3, puis effectuez la tâche demandée.

Document 4 Bon de commande, bon de livraison

Qu'est-ce qu'un bon de commande ?
Le bon de commande est un document par lequel un client s'engage auprès du fournisseur pour la commande d'un produit ou d'un service.
Il émane de la personne qui achète la marchandise.
Il sert de preuve de l'existence d'un contrat de vente entre le client et le fournisseur.

Qu'est-ce qu'un bon de livraison ?
Le bon de livraison est un document établi par le fournisseur à destination de son client afin de prouver que le produit livré correspond bien au produit commandé. Il accompagne la livraison de la marchandise.

www.creer-gerer-entreprendre.fr

Document 5 Consignes à suivre pour contrôler les livraisons

Lors de la livraison, deux types de contrôles sont à effectuer.

	En présence du livreur	Après le départ du livreur
Contrôle quantitatif	• Vérifier le planning de livraison. • Compter le nombre de colis livrés et vérifier qu'il correspond au nombre de colis attendus, il faut rapprocher le bon de commande et le bon de livraison. • Refuser le cas échéant la marchandise si des anomalies sont constatées.	• Établir les éventuelles réclamations au responsable et au fournisseur par téléphone, courriel ou télécopie dans les 72 heures (3 jours).
Contrôle qualitatif	• Vérifier l'état des colis (cartons…). • Consigner les éventuelles réserves et observations sur le bon de livraison. • Refuser la marchandise, le cas échéant, si des anomalies sont constatées.	• Vérifier la qualité des produits réceptionnés en contrôlant l'état des produits (articles abîmés…) et la conformité des produits (erreur de référence, de couleur, de taille…). • Établir les éventuelles réclamations au responsable et au fournisseur par téléphone, courriel ou télécopie dans les 72 heures (3 jours).

Document 6 Commande passée par le responsable

GLISS'STORE 37 rue de Châteaudun 75009 Paris 01.45.22.77.39 www.glissstore.com Livraison sous 7 jours : estimée au 16/09/N Conditions de règlement : par chèque sous 15 jours		BON DE COMMANDE N°639 du 09/09/N SPEEDWALKING 19 rue Gabriel Voisin 51668 Reims 03.26.87.92.92	
Désignation du produit et référence	**Prix unitaire**	**Quantité**	**Montant**
Trottinette électrique noir Birds TR15	699 €	3	2 097 €
Trottinette électrique gris Falcon TR29	499 €	2	998 €
Trottinette électrique noir Condor TR48	599 €	3	1 797 €
		Total	**4 892 €**
Nom et fonction : M. Benoît Valino, responsable		Signature : *BValino*	

Document 7 Livraison effectuée par le fournisseur

SPEEDWALKING 19 rue Gabriel Voisin 51668 Reims 03.26.87.92.92 Nous avons le plaisir de vous adresser les produits suivants :				BON DE LIVRAISON N°639 du 18/09/N Adresse de livraison GLISS'STORE 37 rue de Châteaudun 75009 Paris 01.45.22.77.39 www.glissstore.com
Désignation du produit et référence	**Prix unitaire**	**Quantité**	**Montant**	**Observations**
Trottinette électrique noir Birds TR15	699 €	2	1 398 €	
Trottinette électrique gris Falcon TR29	499 €	2	998 €	
Trottinette électrique noir Falcon TR57	599 €	3	1 797 €	
Visa du client : *BValino*	Livraison le : 16/09/N			Visa du transporteur : *SBachir*

Votre tâche

- Complétez l'**annexe 3** : analysez le bon de commande puis le bon de livraison et vérifiez si la livraison correspond à la commande passée. Relevez les anomalies constatées et établissez les éventuelles réclamations.

Annexe 3 Contrôler la livraison

Contrôle effectué		Anomalies constatées	Réclamations éventuelles
Qualitatif	**Quantitatif**		
☐	☐		
☐	☐		
☐	☐		

Activité 3 Assurer l'installation du produit

L'entreprise propose plusieurs services à sa clientèle, dont des prestations de livraison et d'installation du matériel à domicile. Aujourd'hui, le 23/09/N, vous recevez un client. Il souhaite commander du matériel. Votre responsable vous demande d'exécuter la commande et d'assurer son suivi.

Prenez connaissance des **documents 8** et **9**, de l'**annexe 4**, puis effectuez la tâche demandée.

Document 8 Commande du client du 23 septembre N

Je suis Eddy MAZURIER, j'habite au 10 rue des Abbesses dans le 18e.
J'ai découvert les sports urbains avec un ami et j'aimerais beaucoup m'initier à ce domaine, surtout qu'il y a des remises flash de 10 % toute la journée !
J'ai suivi les conseils du vendeur et désormais je souhaiterais commander une trottinette électrique Falcon, couleur gris et un casque blanc.
Il m'a indiqué que les services d'installation et les cours d'initiation étaient payants, mais je ne connais pas les prix.
Je souhaite être livré à domicile très rapidement s'il vous plaît.

Document 9 Extrait de la grille tarifaire des produits du magasin

Produit	Fournisseur	Référence	Prix TTC
Trottinette électrique noir Birds	Speedwalking	TR15	979,00 €
Trottinette électrique gris Birds	Speedwalking	TR16	959,00 €
Trottinette électrique gris Falcon	Speedwalking	TR29	859,00 €
Trottinette électrique noir Falcon	Speedwalking	TR30	899,00 €
Trottinette électrique blanc Falcon	Speedwalking	TR31	849,00 €
Trottinette électrique noir Condor	Speedwalking	TR48	799,00 €
Trottinette électrique rose Condor	Speedwalking	TR49	859,00 €
Casque noir	Razar	CA20	39,90 €
Casque blanc	Razar	CA21	39,90 €
Casque gris	Razar	CA22	39,90 €
Installation du produit (déballage, charge de la batterie, roue…)	–		45,00 €
Cours d'initiation trottinette électrique	–		55,00 €
Livraison à domicile ou lieu de travail	–		15,00 €

Délai de livraison : 7 jours

Votre tâche

- Complétez l'**annexe 4**. Traitez la demande de M. MAZURIER, sous le numéro 363, et complétez le bon de commande.

Annexe 4 Bon de commande client

GLISS'STORE 37 rue de Châteaudun 75009 PARIS 01 45 22 77 39 www.glissstore.com	**Bon de commande n°** Date : Livraison à domicile prévue le : Client : Adresse :

Désignation	Référence	Quantité	Prix unitaire	Montant
Conditions de règlement : Paiement au comptant par chèque à la livraison	**Total net**			
	Remise			
	Total après remise			

Activité 4 Mettre en place les modalités de règlement

La commande de M. MAZURIER est enregistrée. Vous effectuez le suivi du règlement.
Prenez connaissance des documents 10 et 11, puis effectuez la tâche demandée.

Document 10 Les différents moyens de paiement

Les espèces

Le chèque

Les cartes bancaires

Les modes de paiement électronique
Par compte Paypal ou porte-feuilles électroniques : Hipay, GoogleWallet et Skrill

Autres moyens de paiement
Le prélèvement bancaire et le virement

La carte de crédit
Crédit renouvelable
Emprunt auprès de notre organisme de crédit

Document 11 Les moyens de règlement autorisés par le magasin

Les chèques cadeaux
Si vous ne savez pas quoi offrir à un ami ou un membre de votre famille, vous pouvez tout simplement lui procurer un chèque cadeau pour qu'il puisse s'acheter ce qu'il désire dans les magasins affiliés.

Les bons d'achat
Un bon d'achat, sous forme de coupon (réel ou virtuel) correspond à un avoir ayant une certaine valeur monétaire.
Il vous récompense de votre fidélité.

Les codes promotions
Le code promotion vous permet de bénéficier d'un avantage lors de vos achats en ligne sur Internet.

Votre tâche

1. Énumérez les moyens de paiement dont disposent les clients du point de vente pour régler leurs factures.

....

....

2. Présentez les moyens de paiement qui permettent de régler les achats effectués en ligne.

....

....

3. M. MAZURIER souhaite payer une partie de ses achats avec un chèque cadeau de 50 €. Indiquez si cela est possible.

....

4. Citez d'autres moyens de règlement.

....

....

Activité 5 Assurer l'exécution de la vente

Votre responsable effectue le suivi des paiements. Il rencontre un problème avec le règlement de M. MAZURIER. Vous prenez en charge le dossier de ce client.

Prenez connaissance des documents 12 et 13, puis effectuez la tâche demandée.

Document 12 Consignes du tuteur

M. MAZURIER a reçu sa commande et a été livré à son domicile. Il a réglé au comptant par chèque bancaire à la livraison.

Mais j'ai reçu une notification de la banque : son chèque est sans provision. Je l'ai aussitôt contacté par téléphone le 15 octobre dernier, pour lui signaler que son chèque n'a pu être encaissé, faute de provisions sur son compte bancaire.

Il m'a assuré alors faire le nécessaire pour passer régler la somme réclamée. Mais aujourd'hui, le 22 octobre, il ne s'est toujours pas présenté au magasin.

Aussi, je vous demande de recouvrir la dette du client en le contactant par écrit. Merci de lui préciser les modalités qui s'offrent à lui pour régler ce litige à l'amiable, suite à notre échange téléphonique. La somme totale reste impayée.

N'oubliez pas de rappeler la date et la référence de la facture. Un délai exceptionnel de 15 jours pour régler sa commande à compter d'aujourd'hui lui est accordé.

Document 13 Consignes de relance client pour impayé

Étape 1 : Contacter le client par téléphone

- Privilégier le contact téléphonique en rappelant le problème rencontré, le numéro de la facture, la date à laquelle vous attendez le règlement et le moyen de règlement à utiliser.
- Faire preuve d'empathie et de courtoisie.

Étape 2 : Contacter le client par écrit

- Écrire une lettre de relance au destinataire. Il s'agit de lui rappeler les conditions générales de vente de l'entreprise ainsi que le montant de la facture, la date à laquelle vous attendez le règlement et le moyen de paiement utilisé.
- Lui laisser la possibilité de vous recontacter par téléphone ou par écrit.
- Faire preuve de courtoisie, mais utiliser un ton ferme.

Étape 3 : Contacter le client pour une mise en demeure

- En cas d'échec, mettre en demeure le client par écrit par lettre recommandée avec accusé de réception.
- C'est l'ultime chance de régler le différent financier à l'amiable avant des poursuites judiciaires.
- Pour ce faire, faire apparaître la mention « Mise en demeure », indiquer une date butoir de paiement et préciser la juridiction et/ou l'huissier qui sera saisi en cas de non-retour.

Votre tâche

1. Expliquez les raisons qui obligent à la relance du client par téléphone.

....

....

....

2. Présentez les motifs qui justifient le contact par écrit si le litige persiste.

....

....

....

3. Rédigez le courrier de relance au client (sur feuille blanche ou à l'aide du traitement de texte).

TRAVAUX PRATIQUES 5 Vestipro Show-room

SITUATION

Vous êtes en PFMP chez VESTIPRO, installé à Lyon (69). Cette enseigne propose une large gamme de vêtements professionnels pour l'artisanat et l'industrie, pour la vente et le commerce, pour le personnel de service, et des vêtements spécifiquement dédiés aux métiers nécessitant une hygiène et/ou une protection très stricte.

L'éventail de tenues professionnelles proposées comprend des collections adaptées à tous les besoins et à toutes les attentes et sont conformes aux lois en vigueur en matière de protection au travail et aux normes en matière d'hygiène.

Vous êtes sous la responsabilité de Fatima KMISS, directrice commerciale du showroom. Vous travaillez avec l'équipe des commerciaux du show-room.

Activité 1 Proposer les produits et/ou services associés

Votre responsable souhaite développer son chiffre d'affaires, notamment en développant les ventes additionnelles.

Prenez connaissance des documents 1 à 4, de l'annexe 1, puis effectuez la tâche demandée.

Document 1 Définition des ventes complémentaires et supplémentaires

La vente complémentaire consiste à vendre un produit complémentaire, un accessoire ou service lié au produit principal acheté. Il s'agit par exemple du « traditionnel » tube de cirage vendu avec une paire de chaussures ou de la non moins « traditionnelle » cravate vendue avec une chemise.

La vente supplémentaire est une vente en plus, différente du produit principal. Elle correspond à une opportunité saisie par le vendeur. Par exemple la vente d'un manteau alors que le client est venu pour un costume deux pièces.

Document 2 Références en vente au show-room

Blousons
Casquettes
Chemises
Coupe-vent
Gilets de sécurité fluorescents
Jupes
Manteaux
Pantalons
Polaires
Polos
Sacs à dos
Tabliers
T-shirts
Vestes

Document 3 Les ventes additionnelles possibles

Accessoires et produits complémentaires

Chaussures homme
79,00 €

Chaussures femme
79,00 €

Lot de 5 paires de chaussettes de travail
31,50 €

Casquette anti-heurt
Divers coloris
13,20 €

Ceinture de travail
Stretch noire
16,80 €

Visière coton
Plusieurs coloris
9,54 €

Cravate homme
Plusieurs coloris
19,96 €

Foulard femme
Plusieurs coloris
19,96 €

Services complémentaires

Personnaliser son vêtement de travail :
- par la broderie,
- par la sérigraphie (grandes surfaces et uniquement T-shirt),
- par le marquage à chaud (petites surfaces et étiquettes thermocollantes).

Légende : ★ Emplacements possibles des personnalisations.

Document 4 Les commandes en cours réalisées au show-room

1. Agence d'hôtesses Presty'One

Tailleurs femme

2. Hôtel Vacances'Inns

Costumes pour homme

3. Transports urbains de la ville de Nantes

Costumes pour femme

4. Agence de publicité Promotime

Polos et shorts

5. Entrepôt commercial Venteenligne

T-shirts, bleus et chaussures de sécurité

6. Jardinerie et animalerie Lahaie

Tabliers et pantalons

Votre tâche

- Complétez l'**annexe 1** : pour chaque vente, proposez les ventes additionnelles possibles : Produits supplémentaires ; Accessoires et produits complémentaires ; Services complémentaires adaptés.

Annexe 1 Les ventes additionnelles possibles

Entreprise	Ventes supplémentaires	Ventes complémentaires	
		Accessoires et produits complémentaires	Services complémentaires adaptés
1			
2			
3			
4			
5			
6			

Activité 2 Mettre en place les modalités de règlement et de livraison

Votre affaire est conclue. Il est temps de proposer le mode de règlement et de discuter de la mise à disposition du produit.
Prenez connaissance des **documents 5** et **6**, de l'**annexe 2**, puis effectuez la tâche demandée.

Document 5 La mise à disposition des produits

- Demande particulière
- Échange 30 jours
- Retour facile 30 jours remboursé sur simple demande
- Visite à domicile
- Livraison gratuite 49 € HT sous 3 à 7 jours
- Livraison sous 24 h Par chronovite à domicile
- Livraison dans le monde Expédition DOM TOM et international
- Retrait en magasin

Document 6 Les différentes situations

1. Agence d'hôtesses PRESTY'ONE : Commande de tailleurs femme. La responsable des achats souhaite voir les tenues à son agence afin de prendre les bonnes mensurations.
2. HOTEL VACANCES'INNS : Commandes de 150 costumes pour homme.
3. Transports urbains de la ville de Nantes : Commande de costumes pour femme. Le personnel prend possession des tenues dès réception. Quelques doutes sur des mensurations inadaptées à vérifier.
4. Agence de publicité PROMOTIME : Commande de polos et de shorts. Urgent, opération commerciale la semaine à venir.
5. Entrepôt commercial VENTEENLIGNE : Commande de t-shirt, de bleus et de chaussures de sécurité. Envoyer une partie de la commande en Guadeloupe.
6. Jardinerie et animalerie LAHAIE : Commande de tabliers et de pantalons. Le responsable technique livre la semaine prochaine dans le secteur et souhaite récupérer lui-même la marchandise.
7. École de commerce du Grand Centre : avant de conclure, le responsable achat souhaite recevoir un T-shirt personnalisé : il hésite sur deux couleurs et la technique de personnalisation par broderie ou flocage. La commande sera prise après décision du conseil d'administration.

Votre tâche

- Complétez l'**annexe 2**. Proposez les solutions de mises à disposition pour finaliser la commande.

Annexe 2 Les solutions à envisager

Situations	Solutions
1. Agence d'hôtesses Presty'One	
2. Hôtel Vacances'Inns	
3. Transports urbains de la ville de Nantes	

4. Agence de publicité Promotime	
5. Entrepôt commercial Venteenligne	
6. Jardinerie et animalerie Lahaie	
7. École de commerce du Grand Centre	

Activité 3 Prendre congé

La conclusion de la vente doit être effectuée par une prise de congé efficace.

Prenez connaissance des documents 7 et 8, puis effectuez la tâche demandée.

Document 7 La prise de congé

La prise de congé est importante pour la consolidation de la relation commerciale, que la vente ait réussi ou échoué.

	En cas de vente	En cas de non-vente
Communiquer	• Féliciter le client • Remercier	• Rester souriant • Remercier du temps accordé
Préparer la prochaine rencontre	• Montrer que l'on reste à la disposition du client • Demander une recommandation	• Montrer que l'on reste à la disposition du client • Jeter les bases d'une relance
Prendre congé	• Éviter les bavardages inutiles • Partir sans précipitation	

Document 8 Les situations

Situation 1
Au sein du show room : Madame KALIMNI, du magasin ELECTROHOUSE, vient d'effectuer sa première commande de tenues professionnelles pour l'ensemble de ses vendeurs.

Situation 2
En visite : Monsieur JOUHEUR, de la communauté de commune du Mont D'or, devis en main, est à la recherche de tenues professionnelles pour ses agents territoriaux avec un budget très limité.

Votre tâche

- Effectuez la prise de congé pour chacune des situations présentées.

Situation 1 : ....

....

....

Situation 2 : ....

....

....

SYNTHÈSE 5

ASSURER LE SUIVI DE LA RELATION CLIENT

Carte mentale

Assurer le suivi de la relation client

COMPÉTENCE 6 Satisfaire le client

Rapidy Shop

SITUATION

Vous êtes en PFMP au sein de l'unité commerciale Rapidy Shop, située au cœur de Bordeaux (33).
Le magasin est ouvert de 8 h 30 à 20 h 30 et cette enseigne de proximité a décidé de proposer à ses clients, depuis peu, une amplitude horaire plus large d'ouverture (24 h/24 et 7 j/7) grâce à l'utilisation de caisses automatiques, ainsi qu'un service de commande en ligne via le retrait des commandes par le drive piéton.
Elle propose aussi des services gratuits et innovants destinés à une clientèle pressée ayant un rythme de vie décalé (horaires de nuit par exemple). Le magasin propose un assortiment large et profond : produits issus du secteur alimentaire (épicerie, bio, boucherie, poissonnerie, fruits et légumes) et du secteur non-alimentaire (hygiène, beauté, maison)…
Sous la responsabilité de M. FLORVIS, directeur du magasin, vous êtes en relation avec les clients, les managers de rayon et les employés de commerce.

Référentiel	Compétences	Savoirs associés
Accueil	Co-construire avec le public la solution adaptée à ses besoins Contribuer à la satisfaction et à la fidélisation	Le parcours client, l'expérience client Les outils de collecte et d'analyse des motifs de satisfaction et d'insatisfaction
Commerce et Vente	S'assurer de la satisfaction du client Collecter les informations de satisfaction auprès des clients Mesurer et analyser la satisfaction client Transmettre les informations sur la satisfaction client Exploiter les informations recueillies à des fins d'amélioration	Mettre en œuvre le ou les services associés Les outils de mesure et d'analyse de la satisfaction du client

Activité 1 Co-construire avec le client une solution adaptée et contribuer à sa satisfaction

Votre responsable vous explique qu'il a opté pour une stratégie multi-services afin de développer la satisfaction de la clientèle. Il vous demande d'étudier les produits proposés et d'en tirer les conséquences.

Prenez connaissance des **documents 1** et **2**, des **annexes 1** à **3**, puis effectuez la tâche demandée.

Document 1 L'offre proposée par l'enseigne

Produits	Services
Secteur alimentaire • Bio • Épicerie salée et sucrée • Viandes et poissons • Crèmerie • Surgelés • Fruits et légumes • Boissons **Secteur non-alimentaire** • Hygiène et beauté • Entretien et nettoyage • Animaux • Loisirs	**Nos services** • Ouverture 24 h/24 et 7 j/7 • Satisfait ou remboursé • Carte de fidélité • Carte cadeau du magasin • Application Rapidy Shop • Livraison express **Nos services en + de 8 h 30 à 20 h 30** • Location de véhicules • Drive piéton • Relais colis • Relais courrier **Particularités des services** • Caisses automatiques exclusivement de 20 h 30 à 8 h 30 • Pas de vente de boissons alcoolisées en horaire de nuit (20 h 30 à 8 h 30)

Document 2 Les services additionnels

Face à l'exigence croissante des clients et à l'évolution de leur mode de vie, le directeur du magasin a développé des services additionnels : le **drive piéton** et le **point relais** (colis et courriers).

Le drive piéton permet, en plus de son offre, de proposer aux clients de récupérer ses achats aux pieds des immeubles, là où l'accessibilité en voiture est compliquée.

Par ailleurs, le directeur propose l'assortiment du magasin en ligne au même prix qu'en unité commerciale. Sa stratégie a été d'ouvrir un local attenant au magasin où il propose ce nouveau service. Le principe est le suivant :

#1 Connectez-vous et faites vos achats

#2 Choisissez le créneau qui vous convient pour le retrait de la commande

#3 Récupérez vos achats

De plus, le directeur du magasin propose en complément un service de point relais. Ce service offre de multiples avantages car il est utile et pratique pour le client vivant dans les grandes villes. La livraison des colis est moins chère que la livraison à domicile, elle est même parfois gratuite. Il est d'ailleurs possible de suivre l'acheminement du colis sur Internet : notification par SMS ou par e-mail lorsque le colis est disponible en point relais.

Le client peut même demander à récupérer ses courriers recommandés en point relais. Ce service est proposé durant les horaires d'ouverture du magasin, soit de 8 h 30 à 20 h 30, une plage horaire très large qui satisfait le client « pressé et occupé ».

Enfin, l'avantage de ces services additionnels pour le magasin est d'augmenter le trafic et de fidéliser la clientèle, d'attirer de nouveaux clients qui ne connaissaient pas ce concept, notamment par le marketing viral (bouche à oreilles), et donc d'accroître le chiffre d'affaires.

Votre tâche

1. Complétez l'**annexe 1** : rappelez le principe de la commande au drive piéton.
2. Complétez l'**annexe 2** : énumérez les forces et les faiblesses du point de vente en termes d'offre de produits et de services.
3. Complétez l'**annexe 3** : expliquez les notions de « Service supplémentaire » et « Service complémentaire » et relevez des exemples.
4. Présentez les avantages des services additionnels offerts par Rapidy Shop.

....

....

....

....

Annexe 1 Analyser la commande au drive piéton

Étapes	Principe
#1	
#2	
#3	

Annexe 2 Analyser les forces et les faiblesses du magasin

Forces	Faiblesses

Annexe 3 Les services additionnels

Services	Supplémentaires	Complémentaires
Définition		
Exemples		

Activité 2 Proposer d'améliorer l'expérience client pour le satisfaire

Votre responsable vous explique qu'il est important d'être réactif et d'interagir avec les clients afin de répondre rapidement à leurs demandes. Il vous sollicite afin de satisfaire le client dans sa relation digitale avec le point de vente.

Prenez connaissance des **documents 3** et **4**, des **annexes 4** et **5**, puis effectuez la tâche demandée.

Document 3 Les canaux de la relation client digitale

Il ne fait aucun doute que le digital est désormais un élément essentiel de la relation client. Les **réseaux sociaux** ont été les premiers canaux de service client digital. Principalement utilisés à des fins de marketing et de communication, ceux-ci sont très vite devenus un moyen pour les clients de faire parvenir leurs demandes aux entreprises. En effet, ils y ont vu l'opportunité de contacter les entreprises à tout moment, indépendamment des horaires d'ouverture des magasins et des centres d'appel. Le nombre de demandes ayant considérablement augmenté sur ces canaux, les entreprises ont compris le besoin d'y répondre et d'utiliser le digital pour leur service client.

De nos jours, toutes les entreprises doivent intégrer le digital à leur stratégie de relation client. Toutefois, étant donné le grand nombre de canaux disponibles, il peut parfois être difficile de faire le bon choix. De nouveaux canaux tels que Viber ou Messenger ont développé des fonctionnalités de service client intéressantes. Les GAFA (Google, Apple, Facebook et Amazon) prévoient également de lancer leurs propres **applications de messagerie instantanée**, ce qui implique que de nouveaux canaux apparaîtront dans les années à venir.

Étant donné que chaque canal a ses propres caractéristiques en termes de **fonctionnalités**, d'**utilisation**, d'**audience**, etc., le choix de vos canaux digitaux dépendra de votre secteur d'activité, de votre localisation et de votre stratégie de service client. **L'essentiel étant de vous positionner là où vos clients sont et ont besoin de vous.**

Voici une liste des canaux digitaux adaptés à la relation client :

- Les réseaux sociaux : Facebook, Twitter, Instagram, YouTube,
- Le messaging : Messenger, Viber, WeChat, Messaging In-App, SMS,
- L'e-mail,
- Le live chat/web chat,
- Les forums.

www.dimelo.com

Document 4 Les demandes des clients

Situation	Canaux de communication	Demande des clients
1	 Le Chatbot « Bonjour, je suis Ria, votre assistante en ligne. Posez-moi votre question à propos de Rapidy Shop, SVP. Je vous invite à écrire des phrases courtes ou des mots clés pour mieux vous renseigner ».	« Je voudrais savoir si on peut commander des produits frais et les retirer au drive piéton. »
2	 Faites-vous rappeler ! Échangez avec un de nos conseillers, cliquez sur le bouton et nous vous rappellerons immédiatement et gratuitement.	« Bonjour, merci pour votre réactivité ! J'ai besoin de faire livrer un colis en point relais rapidement car celui que j'utilise habituellement est fermé pour congé. Pouvez-vous, s'il vous plaît, m'indiquer les horaires d'ouverture du magasin pour venir le récupérer ? »
3	 @rapidyshop #rapidyshop Le réseau social Instagram permet de partager des photos, vidéos avec son réseau d'amis et de laisser des commentaires sur des clichés laissés par d'autres utilisateurs.	« J'ai liké votre compte ! Un ami a partagé votre profil que j'ai pu découvrir grâce à lui. Peut-on se faire livrer des courses sur notre lieu de travail ? Je termine tard le soir et c'est plus pratique pour moi de commander en ligne. Merci. »

Votre tâche

1. Énumérez les avantages de la relation client digitale pour les consommateurs.

....

....

....

2. Énumérez les avantages de la relation client digitale pour les entreprises.

....

....

3. Relevez les canaux digitaux adaptés à la relation client.

....

....

4. Complétez l'**annexe 4** : traitez les demandes des clients exprimées via les différents canaux.

5. Complétez l'**annexe 5** : rédigez le SMS informant le client que sa commande n° 00584 est prête à être retirée au drive piéton à partir de 18 h, muni d'une pièce d'identité.

Annexe 4 Traiter les demandes des clients

Situation	Sélection du canal	Réponses apportées
1	☐ Réseaux sociaux ☐ Messaging ☐ E-mail ☐ Live chat/web chat ☐ Forums	
2	☐ Réseaux sociaux ☐ Messaging ☐ E-mail ☐ Live chat/web chat ☐ Forums	
3	☐ Réseaux sociaux ☐ Messaging ☐ E-mail ☐ Live chat/web chat ☐ Forums	

Annexe 5 Rédiger le SMS d'alerte

Activité 3 Évaluer le degré de satisfaction de la clientèle

Votre responsable vous indique qu'il est nécessaire de mesurer le degré de satisfaction de la clientèle afin d'identifier les points forts et les pistes d'amélioration. Par conséquent, qu'elles soient positives ou négatives, les expériences clients doivent être prises en considération. Aussi, lorsqu'un client se présente au drive piéton, un questionnaire est administré durant le retrait de sa commande. Votre responsable vous demande de l'étudier.

Prenez connaissance des **documents 5** et **6**, de l'**annexe 6**, puis effectuez la tâche demandée.

Document 5 Mesurer la satisfaction de vos clients : 6 outils incontournables

Quel que soit l'indicateur de satisfaction que vous cherchez à mesurer, vous avez le choix entre plusieurs outils. En voici 6 souvent rencontrés sur le terrain, à vous de piocher ou de mixer selon votre objectif.

1. L'enquête de satisfaction

L'enquête de satisfaction permet de recueillir la satisfaction des clients sur tous types de produits ou services. Elle se présente aujourd'hui principalement sous forme d'un formulaire en ligne (réalisée avec Google Forms, Le Sphynx, SurveyMonkey,…). Parfois, elle existe aussi sous forme papier ou peut être réalisée par téléphone.

Le questionnaire doit être structuré et comporter des questions ouvertes et fermées. Réduisez autant que possible le nombre de questions et n'oubliez pas celle de la recommandation : « le client est-il prêt à vous recommander ? » Pensez également à tester votre questionnaire avant l'envoi.

Exemples : enquête d'assurances à chaque traitement d'un sinistre, enquête d'un cabinet de conseil après un mandat, enquête d'un cuisiniste après un achat,…

Avantages : facile à réaliser, peu onéreux si réalisé en interne,

Inconvénients : faible taux de retour (clients lassés), nécessite de nombreux retours pour en tirer des statistiques représentatives.

2. Le client mystère

Le client mystère teste vos produits ou services sur votre demande. Il agit incognito, parfois sur la base d'un scénario prédéfini. Il vous fera part ensuite de son expérience consommateur. Vous pouvez faire appel à une entreprise spécialisée ou même recruter vos propres clients mystère et les remercier en leur offrant vos produits ou services.

Exemples : dans un magasin, pour tester un service téléphonique, dans un restaurant, dans les franchises,…

Avantage : retour franc,

Inconvénients : coûteux, parfois mal perçu par les collaborateurs.

3. La borne de sondage ou borne Smiley

Elle permet de récolter la satisfaction du client en temps réel. En pressant simplement sur un bouton, il répond à la question qui lui est posée. C'est anonyme, rapide et ludique. Certaines bornes permettent aussi de récolter davantage d'informations en cas d'avis négatif.

Ces bornes sont mises à disposition par des sociétés spécialisées qui vous restituent directement les résultats.

Exemples : à la sortie de magasins (qualité de l'accueil), de hall d'accueil (temps d'attente), dans les sanitaires (propreté),…

Avantages : rapide, peu onéreux,

Inconvénients : une seule question fermée, pas toujours fiable, trop ludique ?

4. L'entretien qualitatif

Individuel ou en groupe, il est réalisé en face à face, sur la base d'une grille d'entretien. Les questions posées permettent de recueillir la voix du client concernant sa satisfaction mais aussi ses attentes. L'entretien qualitatif peut être utilisé au début d'un processus d'innovation pour récolter les attentes du client.

Ce type d'entretien doit être mené par un professionnel capable de construire la grille d'interview, de mettre en confiance le client et de mener la discussion de manière structurée pour obtenir les réponses attendues.

Exemples : repas en tête à tête avec un client, "focus group" réalisés en interne ou par une agence externe…

Avantages : analyse riche et précise, identification des besoins clients,

Inconvénients : coûteux, chronophage.

5. La boîte à suggestions ou boîte à idées

La boîte à suggestions est généralement laissée à la libre utilisation du client. Elle lui permet d'y glisser ses compliments, questions, suggestions ou problèmes.

On découvre maintenant des boîtes à idée sous forme d'application dont le contenu est public. Les clients peuvent voter pour leurs suggestions préférées et les entreprises peuvent directement répondre aux clients.

Exemples : à la sortie de magasins, à la sortie d'un établissement de service, lors d'achat sur Internet ("donner votre avis") …

Avantages : rapide, retour "à chaud",

Inconvénient : peu utilisée par les clients.

6. Retour interne
Vous pouvez également recueillir la satisfaction de vos clients durant toutes vos interactions avec eux : lors de la vente, de la livraison, du paiement, du SAV… ou encore lors de la prise de contact ou de la création de service pour les établissements publics.
Prenez l'habitude de noter toutes les remarques (utiles !) de vos clients et de faire ainsi remonter la "perception du client".

Exemples : lors de la rencontre annuelle avec le client (régie immobilière), suite à un rendez-vous de courtoisie, lors d'une assistance helpdesk, lors d'un contact pour une nouvelle vente …
Avantages : peu coûteux, le client n'est pas sollicité pour une énième enquête satisfaction,
Inconvénients : ne couvre pas tous les clients, demande une certaine rigueur en interne.

www.optimiso-group.com

Document 6 Enquête de satisfaction du drive piéton

Notre priorité : votre satisfaction !

Engagés dans une démarche qualité de services, les magasins Rapidy Shop vous invitent à répondre à ce questionnaire de satisfaction.
Votre avis est important, il nous permettra d'évaluer et d'améliorer la qualité des services à votre égard.

Très satisfaisant — Satisfaisant — Insatisfaisant — Très insatisfaisant

Critères d'évaluation				
1. Lors de votre achat, comment jugez-vous la navigation sur le site ou l'application ?				
2. Êtes-vous satisfait de l'offre produit proposée par le drive piéton ?				
3. Comment jugez-vous l'emplacement du drive piéton ?				
4. Êtes-vous satisfait des horaires de retrait des commandes ? (8 h 30 à 20 h 30)				
5. Comment jugez-vous l'accueil au drive piéton ?				
6. Comment jugez-vous la qualité des produits réceptionnés ?				
7. Comment jugez-vous votre dernier achat au drive piéton ?				
8. Recommanderiez-vous le drive piéton à votre entourage ?				
9. Pour vos achats au drive piéton, vous les jugez globalement ?				
10. Comment jugez-vous globalement votre attente au point de retrait ?				

Merci pour le temps consacré et à bientôt pour une nouvelle expérience client.

L'équipe Rapidy Shop.

Votre tâche

1. Indiquez l'outil de mesure de satisfaction utilisé par le point de vente.

....

....

2. Expliquez les raisons pour lesquelles l'enseigne utilise cet outil.

....

....

....

....

3. Énumérez les critères d'évaluation.

....

....

4. Énumérez les points sur lesquels le point de vente souhaite connaître le niveau de satisfaction des clients.

....

....

....

L'enquête par questionnaire est au sein du point de vente un outil de moins en moins efficace. Les clients sont pressés. M. FLORVIS envisage d'utiliser un autre canal nomade, utilisé via une connexion Internet en WiFi ou en 4G à tout moment et à tout endroit.

5. Complétez l'**annexe 6** : proposez trois outils pertinents de mesure de la satisfaction de la clientèle en relevant leurs points forts et leurs points faibles.

Annexe 6 Analyser les outils de mesure de la satisfaction

	Outils de mesure	Points forts	Points faibles
1			
2			
3			

Activité 4 Mesurer le degré de satisfaction de la clientèle

Vous avez administré le questionnaire auprès de la clientèle. 200 personnes ont été interrogées. On souhaite mesurer le degré de satisfaction de la clientèle après leur visite afin d'identifier les points forts et les pistes d'amélioration. Votre responsable vous demande d'analyser les résultats de l'enquête afin de proposer des solutions d'amélioration.
Prenez connaissance des **documents 7** et **8**, des **annexes 7** et **8**, puis effectuez la tâche demandée.

Document 7 Résultats de l'enquête de satisfaction du drive piéton

Échantillon de 200 personnes interrogées le 26 avril N.

Très satisfaisant — Satisfaisant — Insatisfaisant — Très insatisfaisant

Critères d'évaluation	Très satisfaisant	Satisfaisant	Insatisfaisant	Très insatisfaisant
1. Lors de votre achat, comment jugez-vous la navigation sur le site ou l'application ?	30	25	45	100
2. Êtes-vous satisfait de l'offre produit proposée par le drive piéton ?	13	42	25	120
3. Comment jugez-vous l'emplacement du drive piéton ?	115	65	10	10
4. Êtes-vous satisfait des horaires de retrait des commandes ? (8 h 30 à 20 h 30)	128	55	10	7
5. Comment jugez-vous l'accueil au drive piéton ?	80	80	13	27
6. Comment jugez-vous la qualité des produits réceptionnés ?	69	91	17	23
7. Comment jugez-vous votre dernier achat au drive piéton ?	51	85	36	28
8. Recommanderiez-vous le drive piéton à votre entourage ?	92	78	18	12
9. Pour vos achats au drive piéton, vous les jugez globalement ?	86	89	15	10
10. Comment jugez-vous globalement votre attente au point de retrait ?	24	25	73	78

Document 8 Formule de calcul

Calcul de pourcentage : $\frac{\text{Valeur} \times 100}{\text{Taille de l'échantillon}} = \times \%$

Votre tâche

1. Complétez l'**annexe 7**. Calculez, pour chaque question posée, le pourcentage de clients très satisfaits et le pourcentage de clients très insatisfaits.

2. Indiquez les thèmes pour lesquels les clients sont très satisfaits. Présentez les résultats.

....

....

....

3. Indiquez les thèmes pour lesquels les clients sont très insatisfaits. Présentez les résultats.

....

....

....

....

4. Complétez l'**annexe 8** : indiquez quelles sont, d'après vous, les solutions d'amélioration envisageables pour chacun des thèmes dont les clients ont été très insatisfaits.

Annexe 7 Calculer le degré de satisfaction et d'insatisfaction des clients

Critères d'évalluation	Clients très satisfaits	Clients très insatisfaits
1.		
2.		
3.		
4.		
5.		
6.		
7.		
8.		
9.		
10.		

Annexe 8 Proposer des solutions d'amélioration

Thèmes jugés très insatisfaisants par la clientèle	Propositions d'amélioration
1.	
2.	
3.	

TRAVAUX PRATIQUES 6 Cennet Voyage

SITUATION

Vous êtes en PFMP au sein de l'agence de voyage Cennet Voyage, située à Besançon (25).
L'agence propose à sa clientèle un large choix de séjours, de circuits, de location et de week-ends en France et dans le monde.
Les conseillers en vente sont experts du voyage et veulent satisfaire leur clientèle, c'est pourquoi l'agence a établi depuis peu le label « choisi par nos clients » permettant ainsi d'identifier rapidement les séjours plébiscités et offrant le meilleur rapport qualité-prix.
Sous la responsabilité de Mme DEMIR, directrice de l'agence, vous êtes en relation avec les clients et les conseillers en vente.

Activité 1 Proposer le service adapté pour satisfaire le client

Votre responsable vous demande d'identifier les services de l'agence afin de pouvoir les proposer à la clientèle.
Prenez connaissance du **document 1**, de l'**annexe 1**, puis effectuez la tâche demandée.

Document 1 Les services de l'agence

Les services proposés	Les atouts de nos services
• Séjours clubs et hôtels • Circuits et croisières • Locations et mobiles-homes • Weekend et parcs • Ski • Dernières minutes • Financement de votre projet de voyage • Service conciergerie qui vous assiste tout au long de votre voyage	• Un service de proximité avec un réseau de 190 agences partout en France • Une communication multicanal (téléphone, Whatsapp, réseaux sociaux, application, Internet,…) • Un meilleur rapport qualité-prix grâce à des tarifs négociés auprès des plus grands voyagistes • Promotions et ventes flash • Un conseil sur-mesure grâce à des conseillers à votre écoute • Un label « élu par nos clients » permettant une valeur sûre de notre sélection • Un client mystère qui teste tous les produits et fait part de son expérience • Un large choix de séjour au départ de votre région pour faciliter votre voyage

Votre tâche

1. Énumérez les forces des services proposées par l'agence. Justifiez.

....

....

....

....

....

....

....

2. Complétez l'**annexe 1** : analysez les demandes des clients et proposez le service qui convient.

Annexe 1 Proposer le service adapté

Demande des clients	Services proposés
1. J'aimerais effectuer un voyage vers une destination où je serai certain de ne pas être déçu !	
2. Je pars en voyage en famille avec mon épouse et mes trois enfants.	
3. Mon responsable vient tout juste de valider ma demande de congé et je dois partir demain.	
4. J'ai fait quelques économies et j'ai un petit budget pour partir en vacances.	
5. J'ai besoin d'un voyage tout confort où je n'aurai rien à faire.	
6. J'aimerais offrir un beau voyage de noces à mon épouse mais je n'ai pas un budget très important.	
7. J'aimerais partir durant le pont du mois de mai prochain.	
8. Je souhaite offrir un petit séjour à mon fils pour fêter son anniversaire.	
9. J'ai 15 jours de congé et j'aimerais partir en Asie mais je souhaiterais voir un maximum de choses et visiter de nombreuses villes.	
10. Je souhaiterais partir en vacances mais j'ai un budget assez serré.	

Activité 2 Évaluer le degré de satisfaction de la clientèle

Votre responsable vous demande d'étudier les outils de mesure de satisfaction de la clientèle utilisés par l'agence. Lors de la finalisation de la commande du client, un lien permet de cliquer et d'ouvrir une page contenant un questionnaire de satisfaction.

Prenez connaissance du document 2, puis effectuez la tâche demandée.

Document 2 Extrait du questionnaire de satisfaction

DONNEZ VOTRE AVIS Donnez-nous votre avis en quelques minutes en remplissant notre questionnaire	**C'EST PARTI** CLIQUEZ SUR CE LIEN
Nous cherchons à savoir ce que vous pensez de CENNET VOYAGE	
1. En moyenne, à quelle fréquence passez-vous commande sur CENNET VOYAGE ?	☐ régulièrement ☐ de temps en temps ☐ c'est assez irrégulier ☐ c'est mon premier achat sur CENNET Voyage
2. Sur une échelle de 1 à 5, combien de temps vous a-t-il fallu pour trouver ce que vous cherchiez ?	☐ 1 - beaucoup de temps ☐ 2 ☐ 3 ☐ 4 ☐ 5 - très peu de temps
3. Par rapport à votre récent achat, merci de sélectionner les raisons pour lesquelles vous vous êtes tourné(e) vers CENNET Voyage plutôt qu'une autre enseigne. (possibilité de choisir plusieurs réponses)	☐ J'aime la façon dont les produits sont présentés et décrits ☐ CENNET Voyage propose de meilleurs prix, de meilleures promotions ☐ CENNET Voyage récompense ses clients ☐ La recherche des produits est facile sur CENNET Voyage ☐ CENNET Voyage propose un large choix de produits ☐ CENNET Voyage propose des conseils d'experts ☐ CENNET Voyage me recommande des produits en fonction de mes précédents achats

	☐ CENNET Voyage utilise une technologie innovante pour faciliter les achats (application, site Internet, réseaux sociaux) ☐ CENNET Voyage m'a été recommandé par une source de confiance
4. Êtes-vous d'accord ou en désaccord avec les affirmations suivantes ?	
a) CENNET Voyage reconnaît et récompense ses clients fidèles	☐ en total désaccord ☐ en accord ☐ sans opinion
b) CENNET Voyage propose des contenus intéressants (vidéos, articles de voyage, posts sur les réseaux sociaux…)	☐ en total désaccord ☐ en accord ☐ sans opinion
5. Lors de cet achat, combien de sites ou d'apps avez-vous consulté avant de choisir de passer commande sur CENNET Voyage ?	☐ Aucun ☐ 1 ☐ 2-3 ☐ 4-5 ☐ 6-7 ☐ 8-9 ☐ Plus de 10
6. Vous avez la possibilité de nous laisser un commentaire ou faire des suggestions, allez-y !	

Votre tâche

1. Expliquez les raisons pour lesquelles l'agence a mis en place le label « élu par nos clients ».

....

....

2. Expliquez les raisons pour lesquelles l'agence a mis en place « un client mystère ».

....

....

3. Dites pourquoi il est intéressant de connaître le temps mis par le client pour trouver ce qu'il recherchait.

....

....

4. Expliquez pourquoi il est intéressant de connaître les raisons pour lesquelles le client a passé commande sur le site de CENNET Voyage.

....

....

5. Indiquez pour quelles raisons CENNET Voyage cherche à connaître si les contenus proposés sont intéressants pour le client (vidéos, articles, posts sur les réseaux sociaux).

....

....

6. Indiquez pour quelles raisons il est important de connaître le nombre de sites ou d'applications consultés avant l'achat.

....

....

7. Dites pourquoi il est nécessaire de poser une question ouverte à la fin du questionnaire.

....

....

SYNTHÈSE 6

SATISFAIRE LE CLIENT

1. Co-construire avec le client une solution adaptée et contribuer à sa satisfaction

Les canaux de la relation digitale

2. Évaluer le degré de satisfaction de la clientèle

Les six outils de mesure de la satisfaction de la clientèle

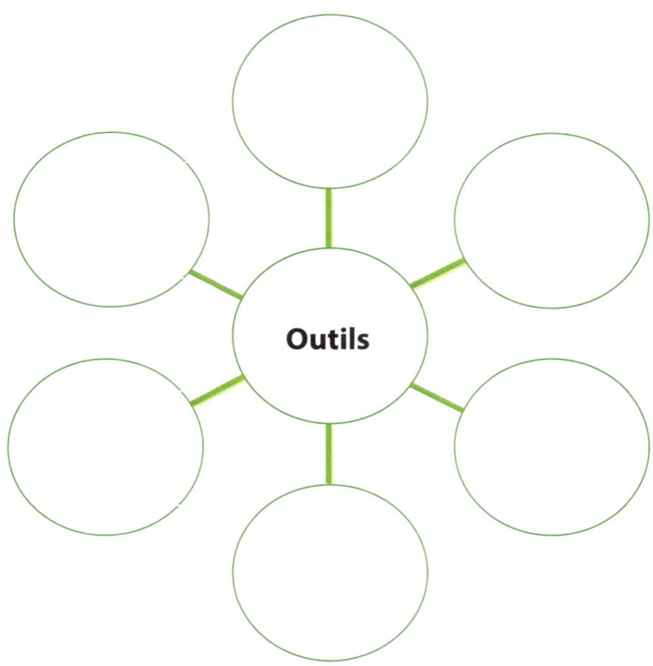

Formule de calcul de pourcentage

....

COMPÉTENCE 7 Fidéliser le client

Laya Looks

SITUATION

Vous êtes en PFMP au sein de l'unité commerciale Laya Looks, située au cœur de Saint-Étienne (42). Ce magasin de prêt à porter propose des vêtements tendances pour hommes, femmes et enfants.
La directrice, nouvellement affectée, cherche à lutter contre la concurrence accrue sur ce secteur et souhaite activement fidéliser sa clientèle. C'est pourquoi, elle a décidé de développer ses services, notamment en mettant en place un service personnalisé auprès de la clientèle, avec les conseils d'un « personal shopper ».
Sous la responsabilité de Mme BOULLIER, directrice du magasin, vous êtes en relation avec les clients, les managers de rayon et les conseillers en vente. Vous vous employez à lui apporter des informations complémentaires.

Référentiel	Compétences	Savoirs associés
Accueil	**Satisfaire et fidéliser le public** Construire avec le public la solution adaptée à ses besoins Contribuer à la satisfaction et à la fidélisation	La fidélisation
Commerce et Vente	**Contribuer à des actions de fidélisation de la clientèle et de développement de la relation client** Sélectionner et mettre en œuvre les outils de fidélisation et/ou de développement de la relation client de l'entreprise Concourir à la préparation et à l'organisation d'événements et/ou d'opérations de fidélisation/développement de la relation client Participer à la mise en œuvre des évènements et/ou opérations de fidélisation/développement de la relation client	La fidélisation Les événements et opérations commerciales La mercatique directe

Activité 1 Identifier les principaux outils de fidélisation

Votre responsable vous explique qu'il est important de connaître les principaux outils de fidélisation de la clientèle. Elle vous demande d'étudier les outils employés en magasin.

Prenez connaissance du **document 1**, de l'**annexe 1**, puis effectuez la tâche demandée.

Document 1 Les principaux outils de fidélisation

Voici les **outils de fidélisation client** à connaître.

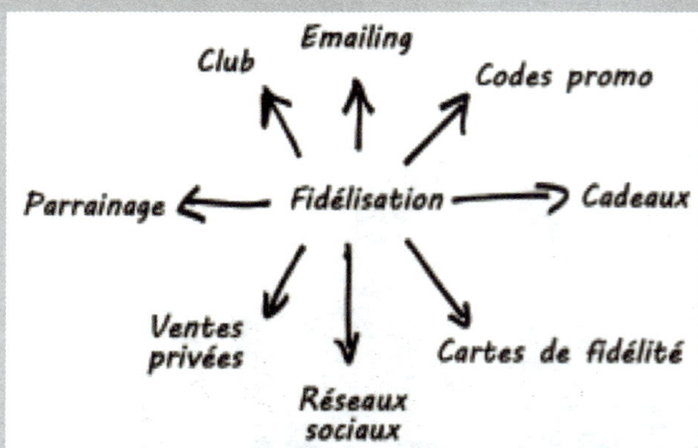

La carte de fidélité

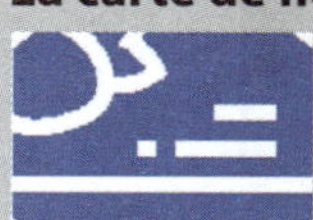

C'est un des outils de fidélisation classique bien connu des enseignes et des consommateurs. Le client récupère un avantage en points ou en euros sur sa carte à chaque achat, qu'il peut utiliser selon les conditions du programme. Cela permet de mieux comprendre et mesurer le comportement des consommateurs, surtout en cas de distribution omnicanal.

Le code promo

Cet outil permet d'inciter un client à venir acheter sur votre site.
Le code promo est un outil de fidélisation qui peut se décliner sur n'importe quel support. Son principal intérêt réside dans le fait qu'il est transmis uniquement aux personnes concernées.

Le cadeau

Un des outils de fidélisation apprécié des consommateurs est le cadeau. Peu coûteux, il transmet une image positive et généreuse de l'entreprise.
En e-commerce, il peut être constitué d'échantillons gratuits à chaque commande.
L'avantage est double : il fidélise les clients à moindre coût tout en leur faisant découvrir de nouveaux produits pour favoriser leurs ventes.

Le club

Le club regroupe les « meilleurs » clients, et permet de leur dédier des offres ou évènements spécifiques. L'idée est de donner plus d'avantages aux meilleurs acheteurs, selon un programme défini à l'avance. L'objectif est de créer une relation durable avec les consommateurs, en y adossant des services, voire du conseil.

Le parrainage

Le parrainage rentre dans les outils de fidélisation car il demande l'implication de clients fidèles comme ambassadeurs de la marque. L'idée est de favoriser le bouche à oreille et la recommandation client, plus puissante que n'importe quelle publicité !
Souvent le parrain est remercié par un cadeau ou une remise sur un prochain achat, reçu dès que le parrainé a passé sa première commande. Pour inciter le parrainé à sauter le pas, une incitation (code promo, cadeau…) peut être adossée au programme.

Les e-mailings

C'est un des outils de fidélisation les plus faciles à exploiter pour créer une relation qui va au-delà de l'aspect commercial. Pour cela, de nombreux emails de relance peuvent être facilement mis en place : relance panier, email de bienvenue, de remerciement, de retour en stock…

Les réseaux sociaux

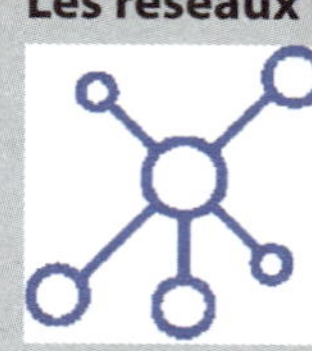

Indispensables à toute stratégie de communication digitale, les réseaux sociaux sont de puissants outils de fidélisation client. Ils s'adaptent à votre objectif : vendre, faire connaître, faire aimer, acquérir des fans… Chaque réseau a ses particularités, il s'agit donc de le(s) choisir avec soin. En effet, il vaut mieux être actif sur peu de réseaux que présent partout.

La diversification des publications permet de mieux comprendre les attentes des internautes et de créer une relation durable et de qualité.

Les événements exclusifs

Inviter des clients à des événements est très apprécié des consommateurs. Cela renforce l'aspect émotionnel en créant une relation durable et de confiance avec la marque.

Cela peut se faire via des événements privés pour les meilleurs clients, uniquement sur invitation. Mais ces évènements peuvent également être ouverts à tous pour échanger et mieux comprendre les attentes des consommateurs.

Les ventes privées

Une façon de fidéliser les clients est d'utiliser l'arme promotionnelle.

Une option est d'offrir des ventes privées à tout ou partie de votre clientèle. Bien entendu, les remises ne doivent pas être visibles de tous. Sur le web c'est chose simple : une fois le client connecté à son compte, le site se met à jour avec son tarif personnalisé.

www.expansis.net

Votre tâche

- Complétez l'**annexe 1** : identifiez, pour chaque situation, l'outil de fidélisation concerné. Justifiez.

Annexe 1 Analyser les outils de fidélisation

Situation	Outil utilisé	Justification
1. Mme FALS tend son smartphone à l'hôtesse de caisse : elle montre son numéro de cliente sous la forme d'un code barre que l'hôtesse scanne.		
2. M. JUSTIN saisit un code avant de valider sa commande.		
3. Mme ROYE a reçu avec sa commande, un petit tote bag (sac en toile souple) et un porte clé Laya Looks.		
4. Mme POTIER a été invitée par le magasin avec d'autres clientes pour découvrir la dernière collection et donner son avis.		
5. M. ZAHI est membre VIP du point de vente grâce à sa cousine, une cliente fidèle du magasin.		
6. Mme NOE a reçu sur son smartphone un mail personnalisé pour lui souhaiter son anniversaire et la faire profiter d'une remise égale à son âge.		
7. Mme OUMOU regarde régulièrement les photos mises en lignes sur Instagram : elle aime y dénicher des astuces beauté et mode !		
8. Mme RIA est invitée pour inaugurer un nouveau point de vente « éphémère » au sein du centre commercial dans l'agglomération voisine.		
9. Mme LAISNE est invitée avant les soldes d'hiver à profiter des produits du magasin. Elle a reçu une notification sur son smartphone pour profiter d'une remise de 30 % supplémentaire.		

Activité 2 Identifier les principaux outils de fidélisation numériques

Votre responsable vous indique que le client est devenu hyper-connecté et que la digitalisation du commerce est omniprésente. Aussi, elle vous demande d'étudier plus particulièrement les outils de fidélisation numériques.

Prenez connaissance du document 2, de l'annexe 2, puis effectuez la tâche demandée.

Document 2 Les principaux outils de fidélisation numériques

Grâce au marketing digital, il est aujourd'hui plus facile de toucher, et même de fidéliser, les clients et prospects. L'entreprise dispose ainsi de nombreux canaux pour s'adresser à des consommateurs dont le comportement d'achat ne cesse d'évoluer.

LES OUTILS DIGITAUX POUR EXISTER

Google my business : la base

Il s'agit de la fiche pratique qui apparaît à droite sur la première page du moteur de recherche, une fois la requête tapée. Les commerçants ont tout intérêt à bien remplir ce niveau d'entrée d'information : indiquer le bon numéro de téléphone, les horaires d'ouverture, mettre une ou deux photos, un court descriptif de l'activité.

Pour étoffer et être plus attractif, il est opportun d'inciter les clients à déposer des avis. Il peut bien sûr y avoir un lien vers son site internet, ses réseaux sociaux et un plugin (module d'extension qui apporte une nouvelle fonctionnalité) permettant par exemple de réserver dans un restaurant. Cela participe à amorcer ou entretenir la relation client.

Le site Internet : la visibilité

C'est la carte de visite du commerce. S'il est uniquement « vitrine », il doit exposer clairement et de façon attractive l'activité, l'offre, les services… afin d'être visible et bien identifié.

Pour optimiser le référencement naturel, c'est-à-dire améliorer la visibilité d'un site dans les résultats d'un moteur de recherche, la bonne construction du site et sa technicité sont primordiales, de même que l'usage des bons mots-clés dans le contenu de chaque page.

En cas de vente en ligne, pour « pousser » un site, il est aussi utile de proposer des services complémentaires : réservation, click and collect... et de faire des liens vers des marques partenaires et les réseaux sociaux ou blogs afin de capter de nouveaux clients potentiels.

LES OUTILS DIGITAUX POUR FIDÉLISER

L'e-mailing : incitation ciblée

L'envoi d'e-mailing a une visée commerciale claire : mise en avant d'une nouvelle collection, de promotions, de ventes privées… Il doit donc être qualifié et toucher, soit la clientèle du point de vente, soit des prospects qui peuvent être intéressés. Cette action peut être assez puissante et permettre, par exemple, de faire revenir des clients qui ne sont pas venus depuis longtemps ou de séduire de nouveaux consommateurs. Pour avoir un fichier qualifié, il s'agit de demander uniquement les informations nécessaires aux clients (en respectant le RGPD).

La newsletter et le blog : apporter une expertise

Envoyée aux clients qui le souhaitent, la newsletter n'est pas commerciale, elle apporte du contenu, des informations sur le secteur d'activité (des tendances, des conseils…).

Elle peut s'associer à un blog, celui-ci étant destiné à se positionner en tant qu'expert. Apporter de la valeur ajoutée, c'est plus de crédibilité. Cela incite le consommateur à (re)venir dans le magasin quand il cherche une expertise.

Facebook et Instagram : créer une complicité commerciale

Sur Facebook, on présente son histoire, l'envers du décor, ses savoir-faire, ses actualités… Ce réseau social fait entrer le consommateur dans la vie de l'entreprise, il permet à la fois de fidéliser ses clients et d'en toucher de nouveaux grâce à l'effet viral.

Axée sur le partage de photos et de vidéos, l'application Instagram invite à entrer dans un univers, à adhérer à une démarche, une activité, une marque…

À noter : à l'heure des « stories » et de l'interaction, la vidéo a de plus en plus de poids. Réaliser des films courts et dynamiques – démonstration d'un savoir-faire, présentation de produits, lieu… est à la portée de tous avec un smartphone.

www.lyon-metropole.cci.fr

Votre tâche

1. Complétez le tableau de l'**annexe 2** :

a) Identifiez et relevez les outils de fidélisation numérique.
b) Indiquez, pour chaque outil, son objectif et son intérêt.
c) Indiquez si cet outil est un moyen d'exister ou un moyen de fidéliser les clients.

2. Énumérez les avantages du marketing digital.

....

....

....

....

Annexe 2 Analyser les outils de fidélisation numériques

Outils digitaux	Objectif	Intérêt	Moyen de
			☐ exister ☐ fidéliser
			☐ exister ☐ fidéliser
			☐ exister ☐ fidéliser
			☐ exister ☐ fidéliser
			☐ exister ☐ fidéliser

Activité 3 Contribuer à la fidélisation des clients

Votre responsable vous explique que la clientèle du magasin a évolué depuis de nombreuses années, passant d'un client fidèle à un client hyper-connecté et zappeur. Elle vous demande d'étudier et de proposer des outils novateurs pour satisfaire cette clientèle exigeante.

Prenez connaissance du **document 3**, puis effectuez la tâche demandée.

Document 3 Comment séduire un consommateur hyper-connecté et zappeur ?

L'évolution du commerce traditionnel vers le commerce digital a changé les habitudes de consommation, l'heure est aujourd'hui à l'hyper-connexion. Les consommateurs ne sont plus de simples acheteurs, mais de réels experts : nous sommes aujourd'hui plus de 80 % à adopter la stratégie du Web-to-store (ou ROPO pour Research Online Purchase Offline), c'est-à-dire à se renseigner en ligne avant de se rendre en magasin pour acheter.

Cette technique est d'ailleurs amenée à se développer puisqu'elle bénéficie d'un potentiel de croissance de 15 %. La transition vers le digital semble donc être un impératif pour les entreprises.

Réseaux sociaux et stratégie de communication : une histoire de fidélisation.

La façon la plus simple de fidéliser les consommateurs est d'utiliser les réseaux sociaux. Facebook, Twitter, Instagram permettent de créer un véritable univers autour d'une marque et de diffuser une identité, des valeurs et une culture.

Ces réseaux sociaux opèrent également comme des systèmes de recommandation connectés, les internautes sont nombreux à poster leurs avis sur les produits qu'ils ont testés. Ces avis participent largement au succès de certains produits.

Même si les clients ont changé, il est important de continuer à utiliser les méthodes traditionnelles du marketing, telles que l'e-mailing ou bien l'envoi de coupon de réduction ou de promotion par SMS.

En termes de chiffres, un SMS a 95 % de chances d'être lu et partagé. De son côté, un e-mail bien rédigé, avec un bon objet, un contenu efficace et envoyé à la bonne personne, prouve encore son efficacité.

Être présent sur les deux univers du physique et du digital est primordial aujourd'hui pour toute entreprise qui veut réussir sa stratégie cross-canal et séduire le client 2.0. Le prolongement multimédia donne une caisse de résonance aux enseignes et attire les clients. Ce n'est pas la fin de la boutique physique, au contraire le digital est un exceptionnel complément. Physique et digital ne sont pas à opposer, car bien associés, ils peuvent se révéler être de véritables leviers de croissance.

www.targetfirst.com

Votre tâche

1. Expliquez le comportement du client qui adopte la stratégie du Web-to-store.

....

....

2. Indiquez la stratégie à suivre par les enseignes face à ce nouveau comportement.

....

3. Énumérez les nouveaux outils de fidélisation du consommateur hyper-connecté.

....

4. Indiquez l'intérêt de ces nouveaux outils en termes de fidélisation.

....

....

5. Précisez si les magasins physiques sont amenés à disparaître. Justifiez.

....

....

Activité 4 Participer à une opération de fidélisation de la clientèle

Votre responsable vous indique qu'il est nécessaire de développer la relation client. Pour ce faire, elle vous demande de collaborer à une opération de fidélisation de la clientèle en proposant des services personnalisés à la clientèle fidèle. Cette opération vise plusieurs objectifs : informer la clientèle des nouvelles collections, apporter des conseils et assurer un suivi de la relation client.

Prenez connaissance des **documents 4** à **6**, de l'**annexe 3**, puis effectuez la tâche demandée.

Document 4 Les propos de votre responsable

Nous réalisons une opération de fidélisation de la clientèle le samedi 4 mai prochain.
L'objectif de cette opération est d'inviter les clients pour leur faire vivre une expérience shopping sur-mesure au sein d'un espace chaleureux et privatisé.
Peux-tu sélectionner les clients ayant dépensé 250 € ou plus lors de leur dernier achat, et les contacter par courriel afin de les convier à cet événement ?
Il faut impérativement qu'ils prennent rendez-vous auprès du service personnalisé, pour pouvoir bénéficier des conseils du personal shopper (1 heure par client).

Document 5 La « personal shopper » : profil de poste

La personal shopper, appelée conseillère en image en français, est le contact privilégié des clients au sein du magasin.

Elle est une véritable ambassadrice de la marque car elle fait vivre une véritable expérience client sur-mesure.

Elle assure plusieurs missions telles que :
- l'accueil physique de la clientèle au sein des salons particuliers de la boutique,
- la sélection et la préparation personnalisée des produits en fonction du profil du client,
- la prise en charge et le développement des ventes au sein du magasin,
- le contact permanent avec les différents services de la boutique (service commercial, service client…) afin de répondre efficacement aux besoins du client,
- la prise en charge du client afin de lui faire vivre une expérience shopping en assurant la qualité du service et de la relation client,
- remonter les avis et commentaires des clients au responsable de la boutique,
- alimenter les fiches clients et garantir sa mise à jour afin de récolter le profil, les goûts et les besoins du client pour assurer les ventes futures.

Document 6 Base de données des clients du magasin

Nom	Prénom	Coordonnées numériques	Somme dépensée lors du dernier achat
Archel	Paula	paula.ar@laposte.net	145 €
Badir	Valéria	badir.valeria@hotmail.com	275 €
Cardon	Kylian	kylian.cardon@gmail.com	327 €
Diawara	Binta	bintadiawara@yahoo.fr	375 €
Farouche	Christophe	christophe.f@laposte.net	229 €

Votre tâche

1. Complétez l'**annexe 3** : rédigez le courriel d'invitation en sélectionnant le premier client qui présente les caractéristiques exigées par votre responsable.

2. Indiquez les objectifs commerciaux de cette opération de fidélisation.

....

....

....

....

....

....

Annexe 3 Courriel d'invitation

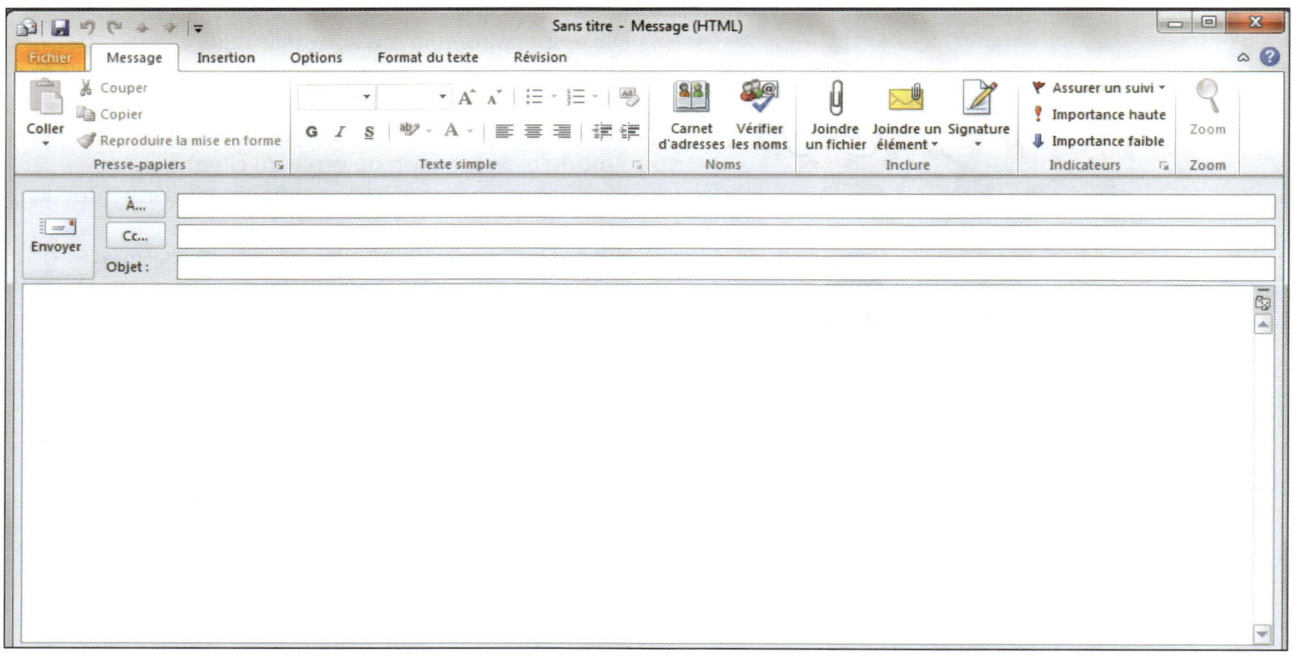

TRAVAUX PRATIQUES 7 Idara Parfums

SITUATION

Vous êtes en PFMP au sein de la parfumerie IDARA Parfums, située à Tours (37).
Cette unité commerciale propose une offre large, composée d'une gamme de parfums pour homme et femme, une offre beauté avec un assortiment de 150 marques et une offre de services, tels que le maquillage (leçons, maquillage de jour, maquillage de soirée) et des soins.
L'enseigne se tourne résolument vers l'innovation avec sa propre marque de distributeur « IDARA Collection » et propose des nouvelles tendances pour tous types de budget.
Ses équipes d'experts-conseil, de véritables professionnelles de la beauté, assurent un service d'exception pour satisfaire et fidéliser la clientèle.
Vous êtes en relation avec les clients, les managers de rayon et les conseillers en vente, sous la responsabilité de Mme ZIANNI, directrice du magasin.

Activité 1 Contribuer à la fidélisation des clients au sein du point de vente

Des clients se présentent à vous. Selon les situations rencontrées, proposez l'outil de fidélisation la plus adapté.

Prenez connaissance du **document 1**, de l'**annexe 1**, puis effectuez la tâche demandée.

Document 1 Les outils de fidélisation

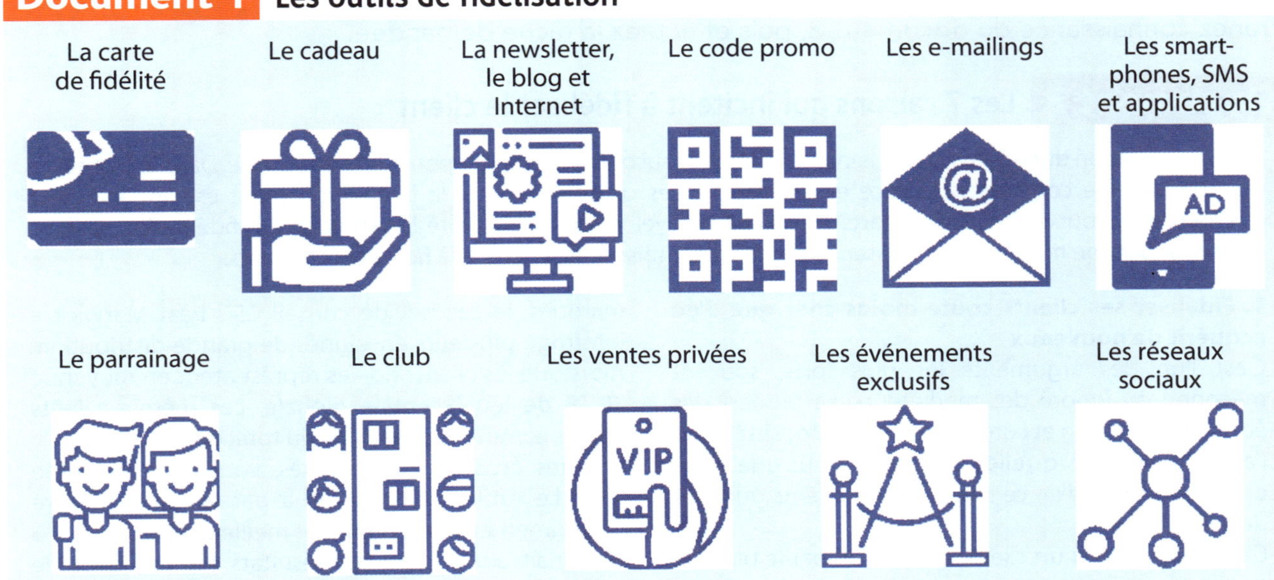

Votre tâche

- Complétez l'**annexe 1** en proposant l'outil de fidélisation le plus adapté.

Annexe 1 Proposer les outils de fidélisation adaptés

Situation	Outil adapté
1. Je souhaiterais adhérer au programme de fidélisation du magasin s'il vous plaît.	
2. Je voudrais être informé des nouvelles tendances beauté.	
3. Ma sœur a reçu une invitation à participer aux ventes privées, pourquoi pas moi ?	
4. Je communique exclusivement via les réseaux sociaux. Et vous, on peut vous suivre ?	
5. J'aimerais offrir à ma fille qui va fêter ses 16 ans un joli cadeau mais j'ai peur de me tromper, comment puis-je faire ?	
6. J'apprécie énormément cette marque, j'achète pour toute la famille ici.	
7. Avant de venir en boutique, j'aimerais découvrir votre nouvelle collection par d'autre moyen.	
8. Je suis venue exprès aujourd'hui car c'est mon anniversaire !	
9. Je viens avec une amie pour lui faire découvrir votre enseigne.	
10. J'aimerais participer aux événements exclusifs de la marque, y en a-t-il ?	

Activité 2 Identifier les raisons de la fidélisation

Votre responsable cherche à connaître les raisons qui justifient la fidélisation client. Vous lui apportez des éléments d'informations.

Prenez connaissance du **document 2**, puis effectuez la tâche demandée.

Document 2 Les 7 raisons qui incitent à fidéliser le client

Créer une relation durable avec vos clients comporte beaucoup d'avantages pour votre entreprise. Dans un contexte marqué par une concurrence féroce et la volatilité des consommateurs, la fidélisation client est une stratégie indispensable pour consolider vos parts de marché et développer votre activité. Les stratégies de fidélisation passent en amont par une meilleure connaissance client. Voici 7 raisons de chercher à fidéliser vos clients.

1. Fidéliser ses clients coûte moins cher que d'en acquérir de nouveaux

C'est l'un des arguments les plus forts, souvent méconnu ou ignoré des marketeurs. La plupart des équipes marketing et commerciales sont focalisées sur l'acquisition, alors qu'elles sont assises sur une mine d'or. Cette mine d'or, ce sont tous les clients qui sont déjà là.

C'est vrai, fidéliser un client, que ce soit par le biais de programmes fidélité ou d'avantages financiers divers et variés a un coût. C'est indéniable. Mais ce coût, qui est en fait un investissement, reste inférieur à celui engagé dans l'acquisition de nouveaux clients.

2. Un client fidélisé achète plus que les autres

Dans le cadre d'une étude sur la fidélisation des marques, le cabinet de conseil CSC Peat Marwick a interrogé plusieurs enseignes de grande distribution. Alors que les clients fidèles représentent en moyenne 20 % de leur clientèle globale, ces mêmes clients fidèles comptent pour 80 % du total des ventes.

D'autres études, plus récentes, vont dans le même sens. Le cabinet Bain & Cie a par exemple montré qu'augmenter la rétention des meilleurs clients de 5 % entraînait une hausse des résultats économiques de 25 % à 55 %.

Ces chiffres sont révélateurs : ils montrent clairement qu'un client fidélisé achète plus que les autres. Et surtout qu'il achète plus souvent. Un client fidèle est un acheteur récurrent, contrairement au client non fidélisé. Accroître son taux de fidélisation client est par conséquent tout à fait déterminant d'un point

de vue économique.
La fidélisation impacte positivement le chiffre d'affaires et la rentabilité des entreprises. Les dépenses engagées dans les actions de fidélisation sont donc rapidement rentabilisées.

3. Un client fidélisé est moins volatil
Toutes les entreprises peuvent en faire le constat : les consommateurs sont de plus en plus volatils. Plusieurs raisons peuvent expliquer ce phénomène, qu'on a déjà rapidement évoqué plus haut. Pour limiter cette volatilité, il est fondamental d'adopter une démarche centrée sur le client. La fidélisation, en créant un lien affectif entre le client et l'entreprise, permet aussi de réduire la volatilité des clients.

4. Un client fidélisé devient un ambassadeur de votre entreprise
Un client fidélisé et satisfait aura tendance à recommander l'entreprise à son entourage, à devenir ambassadeur de votre marque. Le bouche-à-oreille et la prescription, à l'heure des réseaux sociaux, ont des effets économiques très importants. Il serait dommage de ne pas le prendre en compte.
C'est la raison pour laquelle miser sur la fidélisation client permet d'acquérir de nouveaux clients. Opter pour une stratégie de fidélisation en intégrant une dimension de soutien des ambassadeurs de marque, c'est également ouvrir de nouvelles opportunités commerciales en limitant ses coûts.

5. Un client fidélisé participe à l'amélioration de votre offre
Un client qui aime les services et les produits d'une entreprise a tendance à développer un lien affectif. Un client fidèle sera volontiers enclin à participer à l'amélioration de vos services et de votre catalogue. Demandez-lui son avis via un questionnaire en ligne ou en lançant une campagne de crowdsourcing.

6. Un client fidélisé a un impact positif sur le personnel de l'entreprise
Il est toujours plus agréable pour un salarié d'avoir affaire à des clients satisfaits qu'à des clients mécontents. Accroître la satisfaction de vos clients grâce à la fidélisation permet aussi d'améliorer le climat social au sein de votre entreprise.

7. Les clients fidèles contribuent à réduire les coûts de support
La fidélisation de votre clientèle contribuera enfin à réduire vos coûts de support. Un client qui est fidèle est un client qui connaît bien par définition le fonctionnement de vos services. Du fait de sa meilleure autonomie, il a moins besoin d'être assisté qu'un nouveau client.

www.myfeelback.com

Votre tâche

1. Énumérez les raisons qui incitent l'entreprise à fidéliser le client.

....

....

....

....

....

2. Expliquez la phrase « Un client fidélisé achète plus que les autres ».

....

....

....

....

3. Expliquez pour quelles raisons un client fidèle devient un ambassadeur de la marque.

....

....

4. Expliquez pour quelles raisons le client fidèle contribuera à améliorer l'offre de l'entreprise.

....

....

SYNTHÈSE 7

FIDÉLISER LE CLIENT

1. La fidélisation

Définition de la fidélisation :

....

....

....

....

2. Les outils de la fidélisation

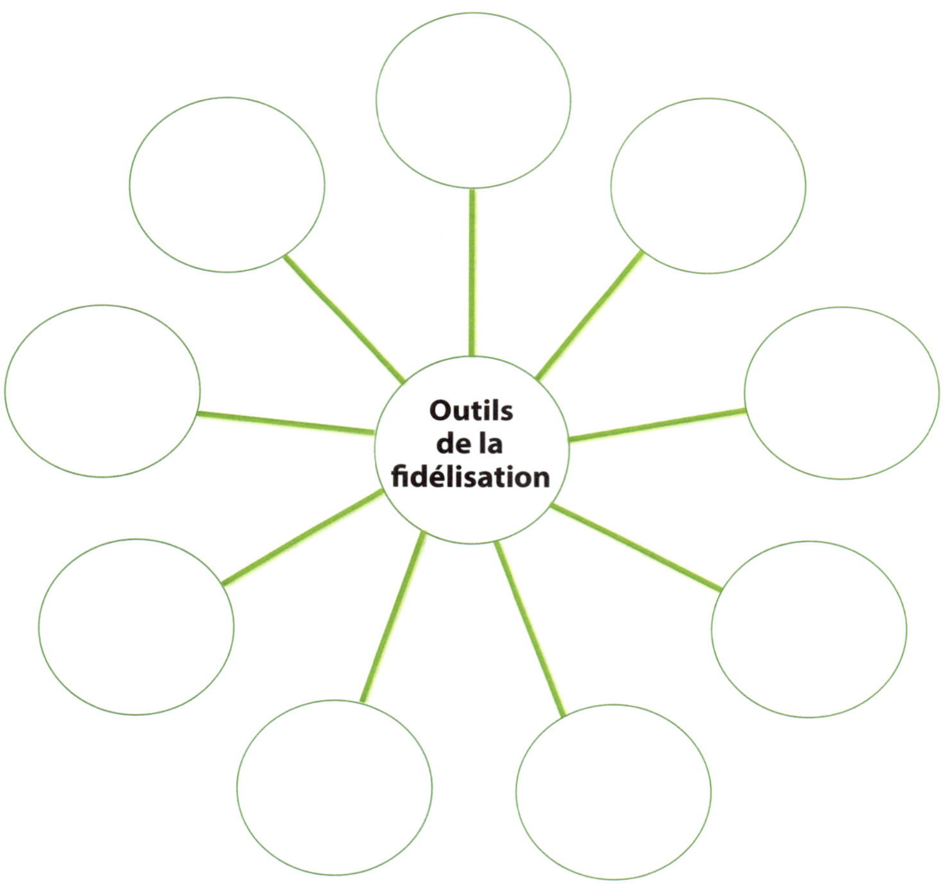

Activité 3

Collecter et exploiter l'information

COMPÉTENCE 8

Assurer la veille commerciale et informationnelle

Be'OO

SITUATION

Vous êtes en PFMP à la boutique BE'OO, située à Nantes (44). BE'OO, c'est la boutique en ligne de référence de produits de beauté bio et naturels, spécialisée dans la vente en ligne de produits respectueux de l'environnement pour protéger la planète. Les clients peuvent retrouver sur la plateforme tout ce dont ils ont besoin pour leur bien-être au quotidien : alimentation bio, produits de beauté naturels, mode éthique ou encore jeux écoresponsables pour enfants …
Pourquoi BE'OO ? BE'OO vient de l'anglais « be » : être, et OO qui est l'acronyme de Oxygène et Organique. BE'OO se veut tout simplement la réponse à la question « Comment se faire du bien avec des produits de beauté bio et naturels de marques françaises ? ».
Vous intégrez l'équipe commerciale du site de vente en ligne. Vous travaillez sous la responsabilité de Mme GREEN, directrice commerciale.

Référentiel	Compétences	Savoirs associés
Accueil	Repérer les sources d'informations Contrôler l'information Actualiser la base de données Sélectionner l'information Mutualiser l'information Rendre compte	La communication orale et écrite Méthode et outils de recherche d'information La qualité de l'information Le système d'information
Commerce et Vente	Rechercher, hiérarchiser, exploiter et actualiser en continu les informations sur l'entreprise et le marché Collecter et transmettre les informations au service de l'entreprise Recueillir, extraire, exploiter, synthétiser les données Rendre compte des données appropriées	L'information Les outils de recherche d'information

Activité 1 Exploiter les informations sur le marché : la concurrence

Votre responsable souhaite développer son offre de produits bio. Elle vous demande d'analyser le marché concurrentiel.
Prenez connaissance des **documents 1** et **2**, de l'**annexe 1**, puis effectuez la tâche demandée.

Document 1 La concurrence

Concurents	Chiffre d'affaires en k€
Biocoop	1 100 000
Independent Food	402 581
La vie claire	242 000
Les comptoirs de la bio	240 000
Biomonde	225 000
Naturalia	221 100
Accord Bio	210 000
Satoriz	170 000
Bio c'Bon	150 000
Natureo	120 000
Eau vive	102 150
Autres	132 410

www.lsa-conso.fr

Document 2 Glossaire

Challenger
Qualité d'une entreprise qui se situe généralement en deuxième position sur un marché, en termes de parts de marché, derrière le leader.
Leader
Qualité d'une entreprise qui détient la plus importante part de marché sur un secteur déterminé.

Suiveur
Qualité d'une entreprise qui préfère ou doit utiliser le leader et/ou d'autres suiveurs du marché comme référence, en termes de produit, circuit de distribution et positionnement prix.

www.e-marketing.fr

Votre tâche

1. Calculez la part de marché des concurrents. Complétez l'**annexe 1**.
2. Représentez graphiquement votre résultat (sur feuille blanche ou à l'aide d'un tableur). Commentez vos résultats.

Annexe 1 Part de marché des spécialistes du bio

Concurrents	Détails des calculs	Part de marché %
Biocoop		
Independent Food		
La vie claire		
Les comptoirs de la bio		
Biomonde		
Naturalia		
Accord Bio		
Satoriz		
Bio c'Bon		
Natureo		
Eau vive		
Autres		

Activité 2 Exploiter les informations concernant la demande sur le marché

Votre responsable souhaite connaître la clientèle consommatrice de produits bio.
Prenez connaissance du **document 3**, de l'**annexe 2**, puis effectuez la tâche demandée.

Document 3 Le profil type du consommateur bio

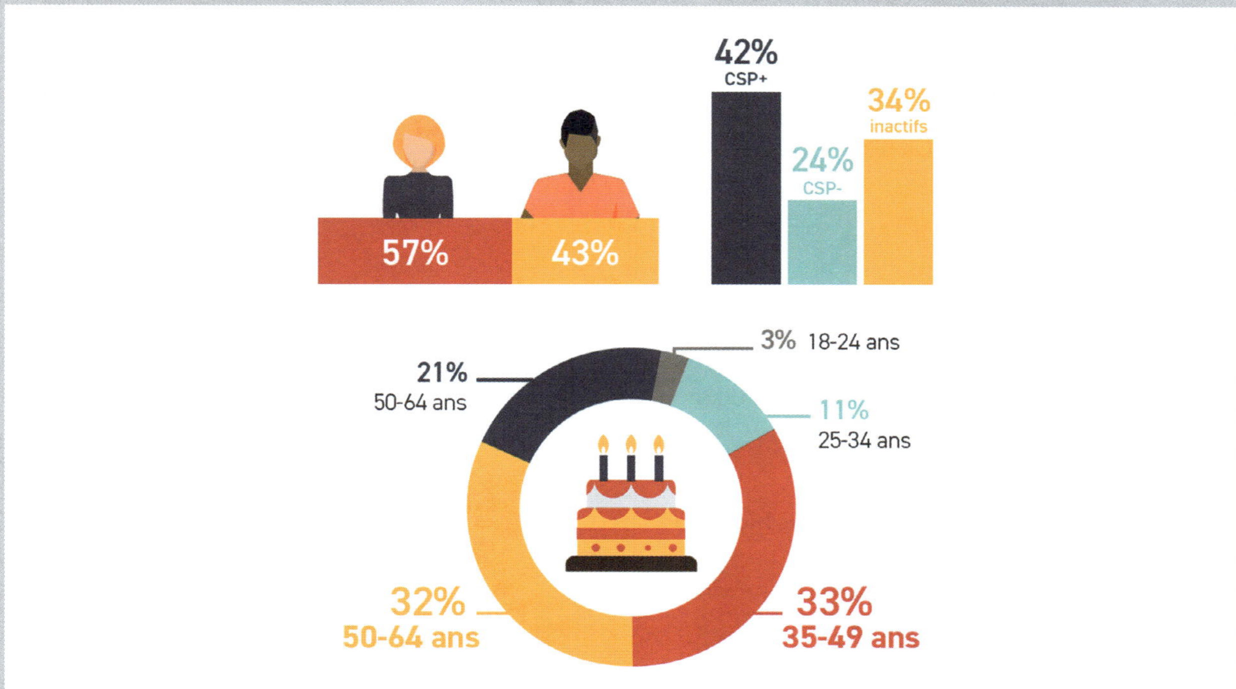

2/3 des bio addicts n'ont pas d'enfants (73 %) et la moitié vit dans un foyer de deux personnes (43 %).

www.mediapost.fr

Les sociostyles :

5 profils de consommateur bio se dessinent :
- Vigilants : 31 % consomment bio pour leur santé et celle de leurs enfants.
- Sélectifs : 23 % consomment des produits bio bien particuliers.
- Pragmatiques : 23 % consomment des produits bio quand ils en trouvent.
- Engagés : 14 % le font pour soutenir l'agriculture bio.
- Hédonistes : 10 % le font par plaisir.

www.agencebio.org

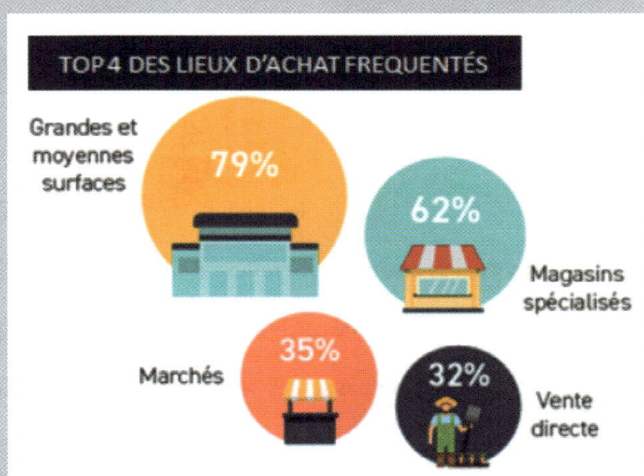

www.mediapost.fr

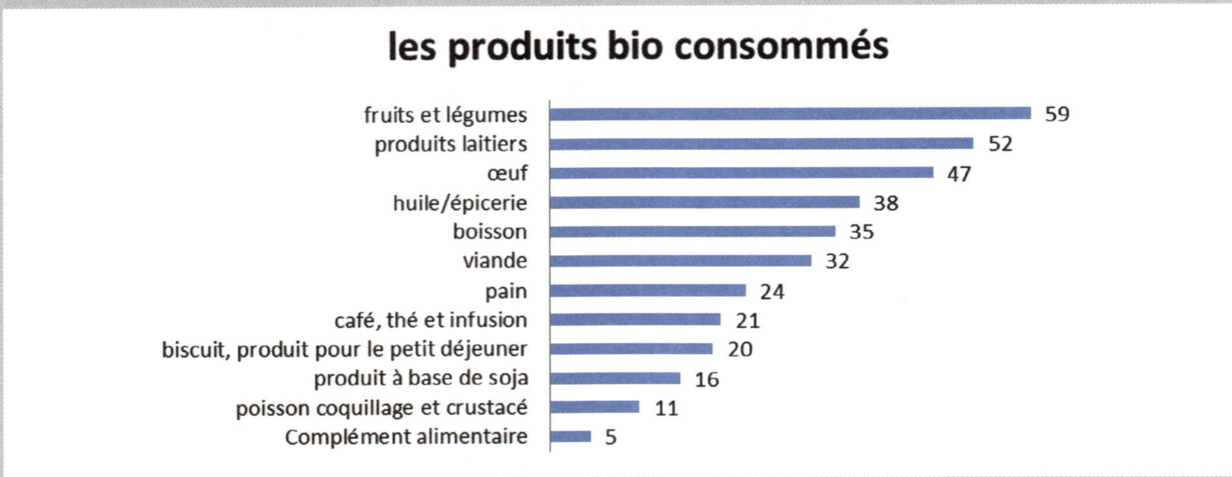

www.agencebio.org

Le budget et les dépenses

Si 37 % des bio addicts consacrent entre 20 et 40 % de leur budget de consommation courante aux produits bio, alimentaires comme non alimentaires, ils sont 25 % à y consacrer 40 %.
Les français sont prêts à dépenser plus pour leur consommation alimentaire bio : 4 français sur 10 trouvent normal qu'un produit biologique coûte plus cher qu'un produit qui ne l'est pas. Ils sont même prêts à payer 15 % de plus en moyenne.

Les raisons de consommer des produits bio

- Une envie de préserver sa santé (69 %).
- Un souhait de veiller à la préservation de l'environnement (61 %).
- Pour la qualité et le goût des produits (60 %).

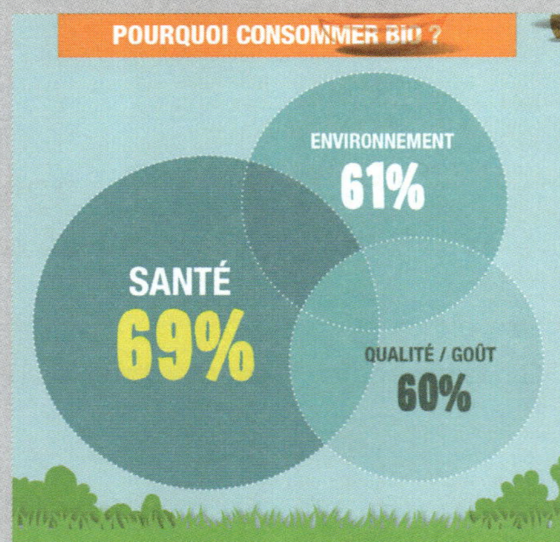

Les freins à la consommation des produits bio

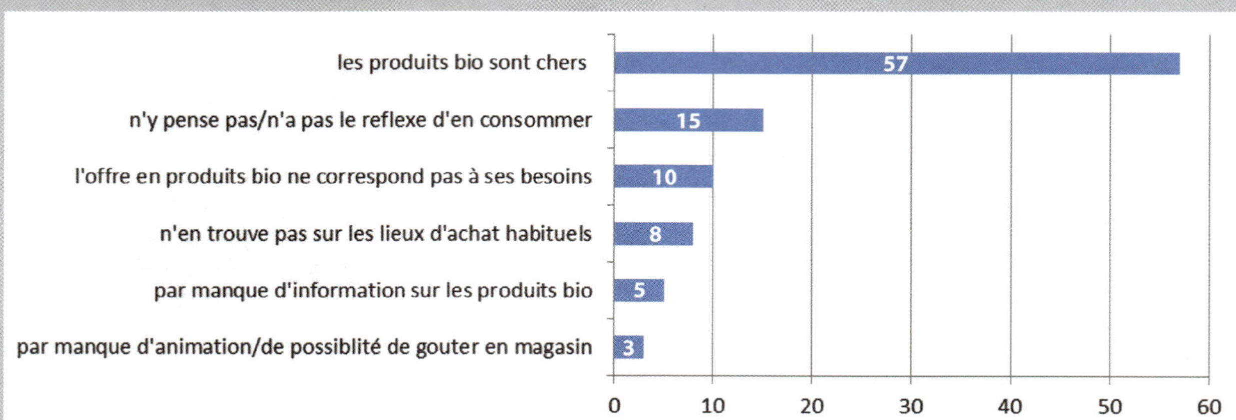

Les habitudes de consommation

Plus de 9 français sur 10 (92 %) déclarent avoir consommé des produits biologiques… et près des ¾ (73 %) consomment bio régulièrement (au moins une fois par mois), 16 % en consomment même tous les jours.

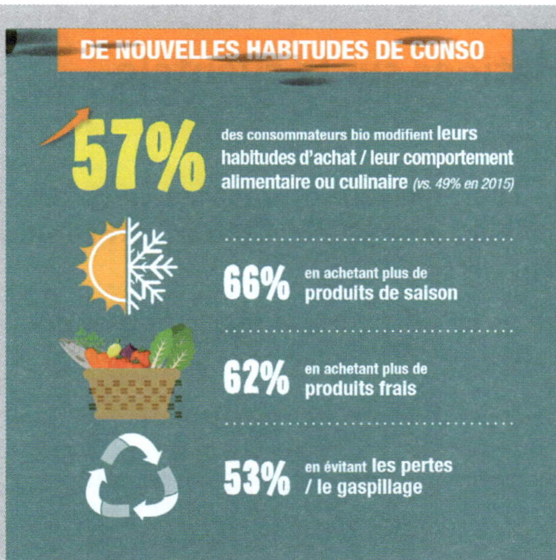

Les attentes des consommateurs

Les français veulent accéder à plus de produits bio sur leurs lieux d'achat...

Ils citent notamment :

- Les grandes et moyennes surfaces (65 %)
- Le marché (52 %)
- Les artisans (46 %)
- Les supérettes/épiceries de proximité (37 %)
- La ferme (35 %)
- Les magasins spécialisés en produits bio (26 %)
- Le drive (20 %)
- Internet (19 %)

Votre tâche

- Déterminez le profil type du consommateur bio en France. Complétez l'**annexe 2**.

Annexe 2 Analyse du consommateur de produits bio

Éléments	Analyse
Profil	
Sexe	
Âge	
CSP (profession et catégorie socioprofessionnelle)	
Composition du foyer	
Comportement d'achat	
Sociostyle	
Lieu d'achat	
Habitude de consommation	
Fréquence de consommation	
Types de produits consommés	
Budget alloué	
Motivation (hédoniste, oblative, auto-expression)	
Frein (autre que le prix)	
Attentes	
Attentes en matière de distribution	

Activité 3 Exploiter les informations sur la clientèle

Votre responsable souhaite connaître davantage la clientèle consommatrice de produits cosmétiques bio. Elle désire mettre en avant les produits cosmétiques bio et envisage de communiquer davantage sur son site Internet au sujet de ces produits.

Prenez connaissance du **document 4**, de l'**annexe 3**, puis effectuez la tâche demandée.

Document 4 Enquête

Les consommateurs de produits cosmétiques et d'hygiène bio (crème, gel douche, maquillage, etc.)
(enquête administrée sur un échantillon de 1 002 personnes)

	Homme	Femme
Nombre de consommateurs	174	275
Nombre total de personnes interrogées	483	519

	18-24	25-34	35-49	50-64	65 +
Nombre de consommateurs	48	83	122	118	76
Nombre total de personnes interrogées	88	162	272	257	223

	CSP+	CSP–	Inactifs
Nombre de consommateurs	140	141	164
Nombre total de personnes interrogées	268	312	422

www.agencebio.org

Au cours de votre vie, avez-vous déjà utilisé ?

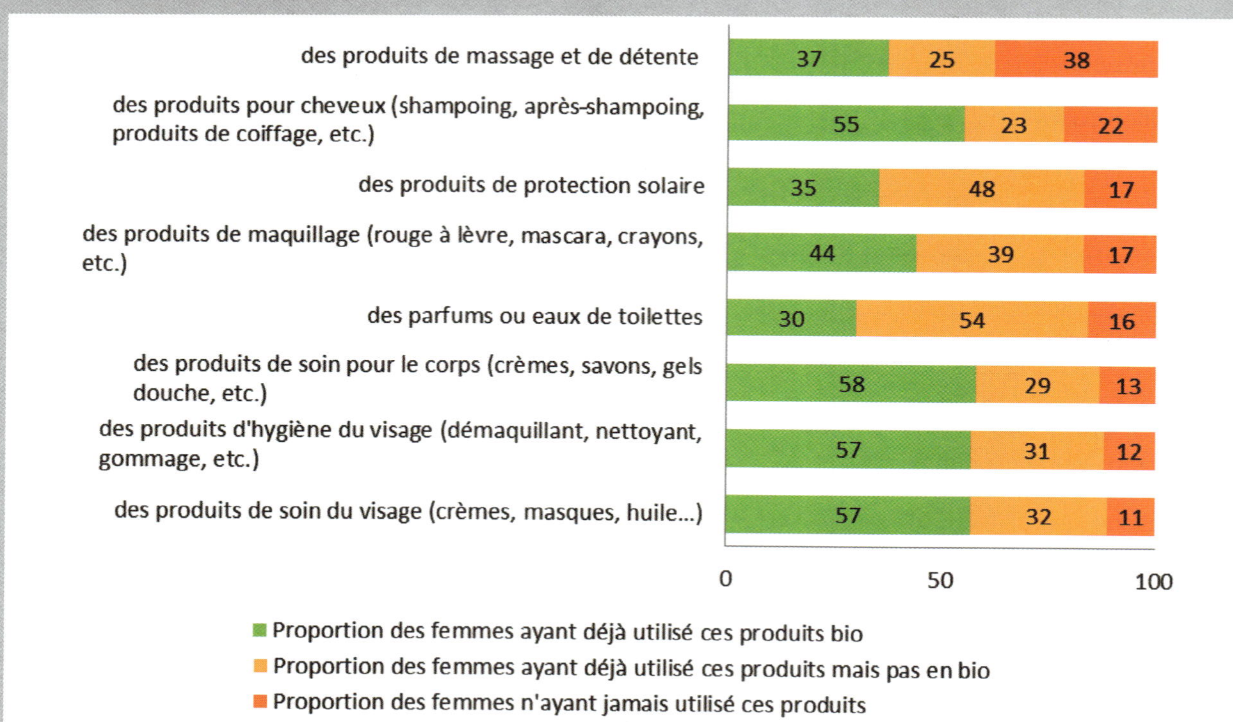

www.ifop.com

Les motifs de consommation de cosmétiques bio

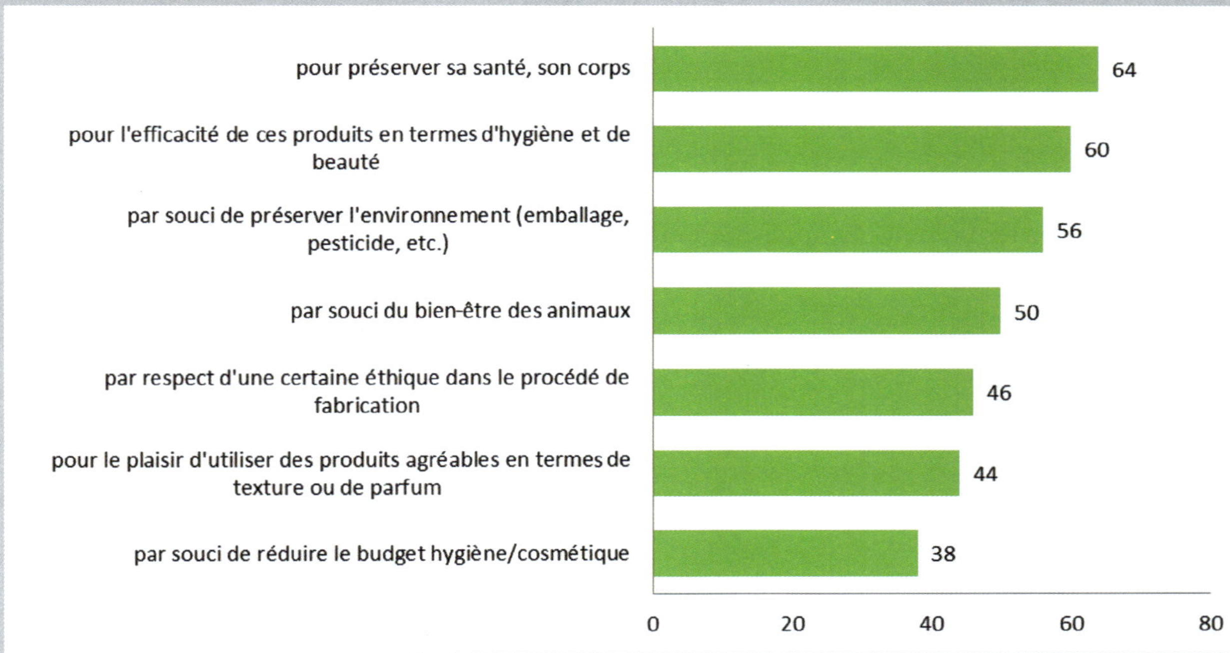

www.ifop.com

Les freins à l'achat des produits

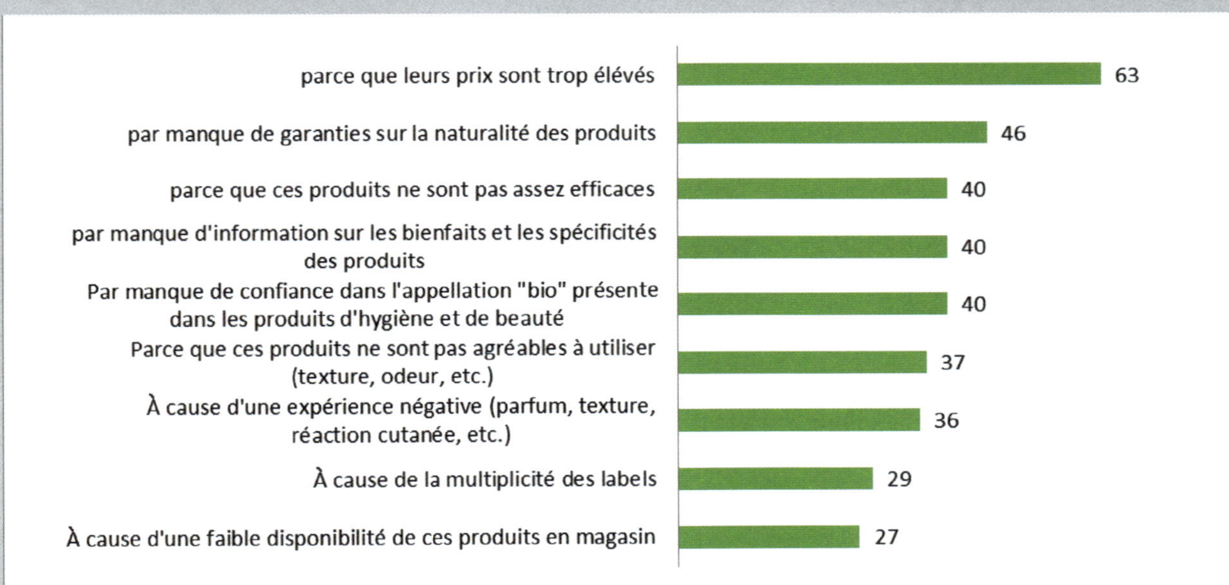

www.ifop.com

Votre tâche

1. Déterminez le profil type du client consommateur de produits cosmétiques bio en France. Complétez l'**annexe 3**.

2. Présentez la cible de la clientèle du point de vente à toucher afin de communiquer sur les produits cosmétiques bio.

....

3. Citez les produits à mettre en avant sur le site de vente en ligne, afin de toucher cette cible.

....

....

....

....

4. Présentez les points à évoquer pour communiquer positivement sur les produits cosmétiques bio vendus par le site de vente en ligne.

....

....

....

....

Annexe 3 Analyse de la clientèle de produits cosmétiques bio

Éléments	Analyse
Profil	
Sexe (en %)	
Âge (en %)	
CSP (profession et catégorie socioprofessionnelle en %)	
Comportement d'achat	
Types de produits consommés	
Motivations (hédoniste, oblative, auto-expression)	
Freins (autres que le prix)	

Activité 4 Assurer une veille commerciale et informationnelle

Votre responsable, Mme GREEN, a développé son offre. Les produits cosmétiques bio prennent davantage de place dans l'assortiment de la boutique de vente en ligne.
Elle souhaite élargir son offre de service et développer la communication auprès des clientes en matière de produits cosmétiques bio. Elle envisage de communiquer à travers les médias sociaux et vous demande conseil.

Prenez connaissance des documents 5 à 7, de l'annexe 4, puis effectuez la tâche demandée.

Document 5 Propos de votre responsable

Nous venons de développer notre offre de produits cosmétiques bio. Nous envisageons à long terme d'élargir notre gamme de produits. Aussi, nous venons de définir notre positionnement en termes d'offre sur ces produits.

Nos objectifs : respecter nos engagements.

Pour cela, j'ai déjà de nombreuses idées... Pouvez-vous vérifier qu'elles sont pertinentes et me faire des propositions ?

Je souhaite aussi diversifier les canaux de communication. Pouvez-vous m'indiquer les canaux digitaux à privilégier ?

Document 6 Les engagements de la boutique

Le triple engagement BE'OO

1. La nouveauté : référencer continuellement de nouvelles marques françaises de cosmétiques bio et naturels. Vous faire découvrir de véritables trésors en ces produits de beauté bio et naturels. Et quand les marques sont plus anciennes et mieux connues, être toujours performante pour vous annoncer leurs nouveaux produits.

2. Le conseil : vous permettre un achat éclairé et conscient.

3. L'expérience client : de la visite à la réception du colis, vous surprendre avec une expérience client différente.

Document 7 Revue de presse

Outil d'évangélisation pour la cosmétique bio: les réseaux sociaux et les influenceuses

La marque de cosmétiques bio Melvita milite sur les réseaux sociaux et s'appuie sur les influenceuses connues : enjoyphoenix, Jenesuispasjolie, estelle, naturellement_lyla et allyfantaisies (soit plusieurs millions de followers à elles cinq). Porte-paroles rémunérées par Melvita, elles vantent les bénéfices des produits de la marque du groupe L'Occitane. Chacune des influenceuses transmet des informations utiles pour sensibiliser les jeunes consommatrices qui constituent leurs communautés. Enjoyphoenix explique que notre peau est exposée à dix produits chimiques par jour dans notre routine beauté.

« *La prise de conscience que les composants chimiques présents dans les cosmétiques peuvent être nuisibles à la santé est de plus en plus prégnante* » explique Elise Besse, directrice générale de la marque.

La campagne digitale marque un tournant dans l'histoire de la marque.

www.beautydecoder.com

Produits cosmétiques : un besoin de réassurance

« *Mais pourquoi des phtalates dans mon produit ? C'est super dangereux !* ». « *Il paraît que l'on peut devenir allergique à cause d'un parfum ?* ». Ces interrogations sont le point de départ d'une série de six vidéos YouTube « *#InfoCosmeto : Venez vérifier par vous-même* ». Mises en ligne par la Fédération des Entreprises de Beauté (FEBEA), ces vidéos font partie d'une campagne digitale « *Démêlez le vrai du faux* », lancée pour apporter des réponses aux questions que se posent les consommatrices quant aux ingrédients cosmétiques. La FEBEA précise qu'aujourd'hui, l'information qui circule peut être « *contradictoire ou inexacte, et se diffuse à la vitesse du clic* ».

On peut par exemple y apprendre que seul le diethyl phtalate est utilisé en cosmétique et qu'il ne s'agit pas d'un perturbateur endocrinien. Ce sujet suscite de plus en plus d'intérêt chez les Français. En effet, le pic de recherche a triplé ces deux dernières années (Source : Google Trends). Pour répondre à ce besoin d'information, des sites spécialisés souhaitent apporter « *la vérité sur les cosmétiques* ».

nouvellesconso.leclerc

IA, IA, dis-moi qui est la plus belle

Les consommateurs veulent des produits bons pour leur santé et celle de la planète mais ils veulent surtout des produits qui leur ressemblent. Finie l'époque où l'on croyait à la formule scientifique (magique) qui pouvait effacer les rides de toutes les femmes en quelques applications. Aujourd'hui, les clients des marques de cosmétiques veulent des soins adaptés à leur peau, uniques comme eux. Pour répondre à cette attente d'hyperpersonnalisation, les marques misent sur l'intelligence artificielle. Décrypter un problème de peau avec un selfie, soins sur-mesure créés par un algorithme, tout est bon pour trouver le soin miracle. Revive s'est associé avec Alexa, l'assistant vocal d'Amazon, pour proposer à ses clients un diagnostic de peau réalisée par une IA sans quitter leur salle de bain. Et à la fin de l'évaluation, le produit est directement proposé à l'achat sur Amazon.

www.ladn.eu

DIY with Tech

Comme on n'est jamais mieux servi que par soi-même, la tendance Do It Yourself (DIY) s'invite aussi dans la salle de bain des français. Faire soi-même oui, mais avec l'aide de la technologie. La marque Romy Paris a présenté cette année au CES un laboratoire personnel pour faire ses propres soins à domicile. Une solution qui permet aux consommateurs, en demande de transparence, de contrôler les ingrédients et la fabrication de leurs produits. Cette tendance révèle également une nouvelle façon de consommer les soins et les crèmes : le day-to-day. Les consommateurs produisent la dose journalière de leur produit, seulement quand ils en ont besoin.

www.ladn.eu

Votre tâche

Complétez l'**annexe 4**.

1. Proposez des idées permettant de développer l'offre produit et la communication auprès de la clientèle de la boutique.
2. Choisissez le(s) canal(aux) adapté(s).

Annexe 4 Proposition de développement

Objectifs	Propositions	Canal adapté
1. Proposer des nouveautés en termes de produits et de services.		
2. Rassurer les clientes.		
3. Conseiller davantage les clients et les clientes.		
4. Développer l'expérience client.		

TRAVAUX PRATIQUES 8 Le Parc aux étoiles

SITUATION

Vous êtes en PFMP au Parc aux étoiles, situé à Osny (95). Le Parc aux étoiles est une plaine de jeux qui permet d'amuser et de distraire les enfants par tous les temps. Climatisée, ventilée ou bien chauffée, elle fait leur bonheur.

Vous assistez M. DEJOYEUX, gérant du parc de jeu, et effectuez une veille commerciale.

Activité 1 Identifier et caractériser l'offre de l'organisation

M. DESJOYEUX vient d'apprendre qu'une plaine de jeux vient de s'installer à proximité de la vôtre. Il vous demande d'effectuer une analyse afin de lui permettre de prendre la bonne décision pour le développement et le maintien de sa clientèle. Vous venez de lister les plaines de jeux couvertes pour enfants de 0 à 12 ans dans votre secteur.
Prenez connaissance des documents 1 et 2, de l'annexe 1, puis effectuez la tâche demandée.

Document 1 Veille concurrentielle

Mais comment mettre en place une veille concurrentielle solide ?

Définir vos concurrents
L'analyse de la concurrence commence évidemment par la sélection de vos concurrents. En d'autres termes, il vous faut faire une liste des entreprises qui ciblent le même marché que vous et vendent un produit ou un service équivalent au vôtre.
Une fois cette liste réalisée, divisez-la en trois catégories distinctes :

- **Les concurrents directs :** ce sont ceux qui visent le même public et proposent un produit ou service similaire au vôtre.
- **Les concurrents indirects :** ils proposent un produit ou service différent, mais qui répond au même besoin que votre entreprise.
- **Les concurrents tertiaires** (ou de substitution) : Ils offrent des produits ou services différents du vôtre, mais à la même cible. Leur danger se limite au fait qu'ils peuvent potentiellement devenir des partenaires ou des menaces.

Document 2 La concurrence du Parc aux étoiles dans le secteur

Plaine royale
Plaine de jeux couverte pour enfants de 2 à 12 ans

Le chaudron magique
Plaine de jeux couverte pour enfants de 0 à 12 ans

Ile des loisirs Bord'Oise
Base de plein air et de loisirs pour petits et grands

Tity Plaine
Parc de jeux couverts et d'extérieur pour enfants de 2 à 12 ans

Jungle Kid's
Plaine de jeux couverte pour enfants de 0 à 12 ans et espace anniversaire

Le château des jeux
Plaine de jeux couverte pour enfants de 3 à 12 ans

Le Grand Parc
Parc d'attraction, aire de jeux et autres animations pour toute la famille

Kart Parc
Plaine de jeux de vitesse couverte pour enfants et adultes

Paintball Parck
Parc de jeux couvert pour adolescents et adultes

Unicorn'Park
Parc de jeux couverts et d'extérieur et salle de danse pour enfants de 0 à 12 ans

Attractiv'Land
Parc d'attraction : parc, aire de jeux et autres animations

Delicious Food
Restaurant avec grand espace de jeux couverts pour enfants

Petit nuage
Plaine de jeux couverte pour enfants de 3 à 12 ans

Les 4 Vents
Centre commercial
Espace de jeu pour enfants

Ice'Park
Patinoire et espace de jeux pour tous

Espace Room
Plaine de jeux pour adultes
Détente, reflexion et sensation

Votre tâche

- Identifiez la concurrence du parc aux étoiles. Complétez l'**annexe 1**.

Annexe 1 La concurrence du Parc aux étoiles

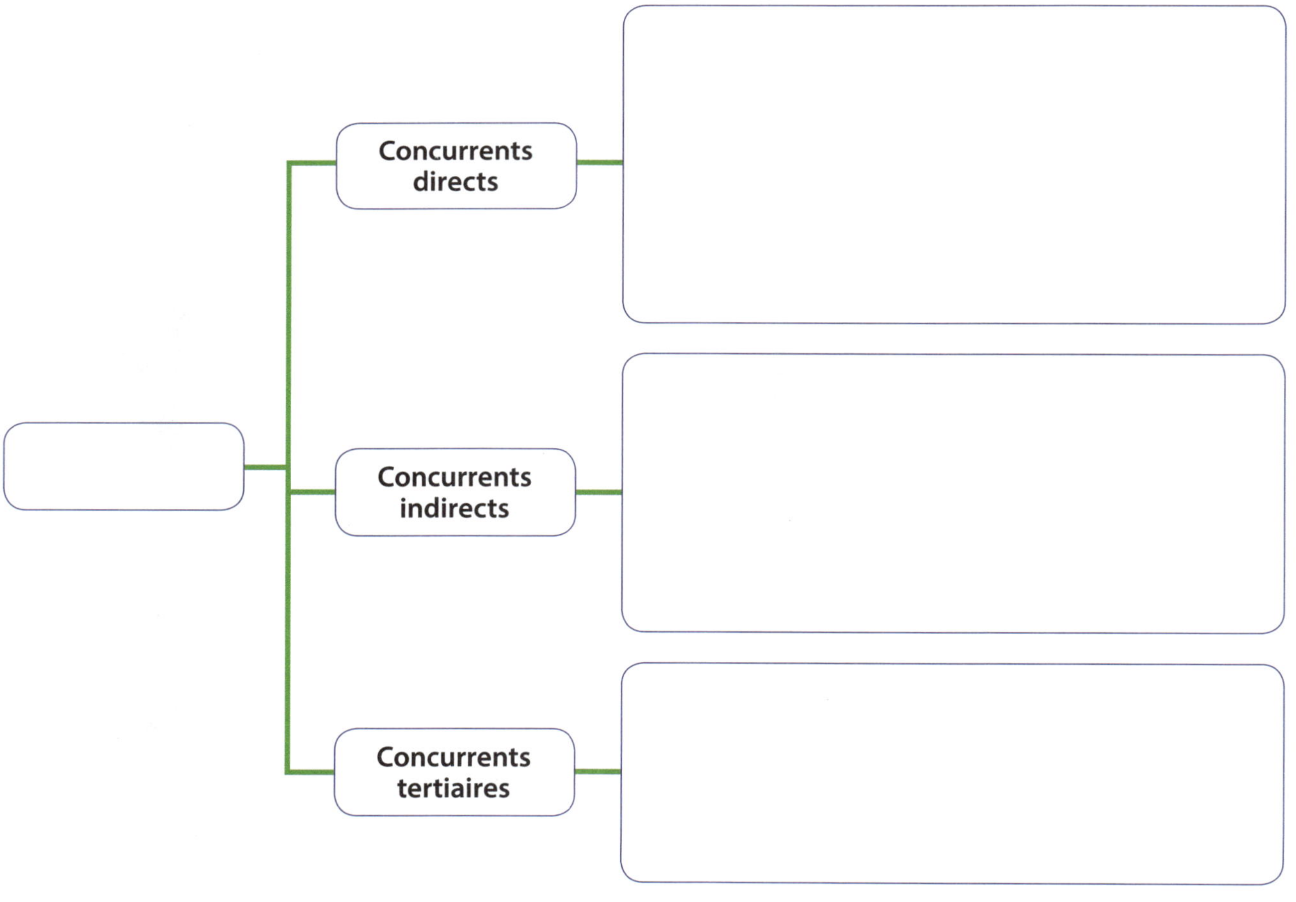

Activité 2 Déterminer la zone de chalandise du point de vente

Votre responsable souhaite identifier la provenance de sa clientèle et donc sa zone de chalandise. Vous effectuez le tracé de cette dernière.

Prenez connaissance des documents 3 à 5, des annexes 2 et 3, puis effectuez la tâche demandée.

Document 3 La zone de chalandise

La zone de chalandise d'un magasin est l'**aire géographique** dans laquelle se trouvent les clients.

Pourquoi estimer sa zone de chalandise ?
Dans le cas de la **création d'entreprise**, la question est de savoir d'où viendront les futurs clients afin de pouvoir :
- estimer le « réservoir » de consommateurs susceptibles de venir dans le magasin ;
- estimer le nombre de concurrents directs et indirects qui peuvent capter des consommateurs ;
- évaluer le nombre de clients et/ou le CA annuel du futur point de vente (pour dimensionner son projet et rassurer son banquier !).

Si vous vous essayez à **dessiner votre zone de chalandise**, il faut la **segmenter en zones** :

Zone primaire	C'est la **zone dans laquelle se situe votre point de vente.** Pour les consommateurs vous êtes le plus proche et/ou le plus grand et/ou le plus qualitatif… Vous devez fidéliser les consommateurs et empêcher les concurrents de s'y développer.
Zone secondaire	C'est une **zone de compétition** : le consommateur a une bonne probabilité de venir chez vous, mais autant que d'aller chez vos concurrents. Vous devez communiquer et attirer.
Zone tertiaire	C'est la zone où la probabilité de **capter des clients** est faible, mais reste possible.
Hors zone	C'est **l'ensemble des clients qui ne résident pas dans la zone** et qui ne sont que de passage. Le hors zone peut être très important dans les zones de passage et notamment autour ou dans les hubs de transport.

www.monemplacementcommercial.fr

Document 4 Définition et données chiffrées

Définition : une **courbe isochrone** est une courbe délimitant ou partageant la zone de chalandise d'un point de vente selon des temps de déplacement maximal donnés.

Distance parcourue en voiture :
Zone primaire : moins de 5 minutes
Zone secondaire : entre 5 et 10 minutes
Zone tertiaire : plus de 10 minutes

Document 5 Temps de parcours des clients dans la zone de chalandise

Ville	Temps parcouru	Ville	Temps parcouru
Ableiges	14 minutes	Grisy-les-Plâtres	20 minutes
Auvers-sur-Oise	14 minutes	Hérouville	16 minutes
Boissy-L'aillerie	7 minutes	Jouy-le-Moutier	12 minutes
Cergy	7 minutes	Livilliers	7 minutes
Cormeilles-en-Vexin	13 minutes	Montgeroult	8 minutes
Courcelles-sur-Viosne	9 minutes	Osny	4 minutes
Courdimanche	15 minutes	Neuville	11 minutes
Ennery	7 minutes	Pontoise	7 minutes
Epiais	11 minutes	Sagy	20 minutes
Éragny-sur-Oise	14 minutes	Saint-Ouen-l'Aumône	15 minutes
Frémécourt	16 minutes	Vallangoujard	16 minutes
Genicourt	6 minutes	Vauréal	12 minutes

Votre tâche

1. Indiquez, pour chaque ville de l'**annexe 2**, à quelle zone elle appartient dans la zone de chalandise du parc de jeu.
2. Tracez ensuite sur l'**annexe 3** des courbes isochrones de couleurs différentes afin de délimiter les différentes zones. Élaborez une légende.

Annexe 2 Identification des zones

Ville	Zone 1, 2 ou 3	Ville	Zone 1, 2 ou 3
Ableiges		Grisy-les-Plâtres	
Auvers-sur-Oise		Hérouville	
Boissy-L'aillerie		Jouy-le-Moutier	
Cergy		Livilliers	
Cormeilles-en-Vexin		Montgeroult	
Courcelles-sur-Viosne		Osny	
Courdimanche		Neuville	
Ennery		Pontoise	
Epiais		Sagy	
Éragny-sur-Oise		Saint-Ouen-l'Aumône	
Frémécourt		Vallangourjard	
Genicourt		Vauréal	

Annexe 3 La zone de chalandise du parc de jeu

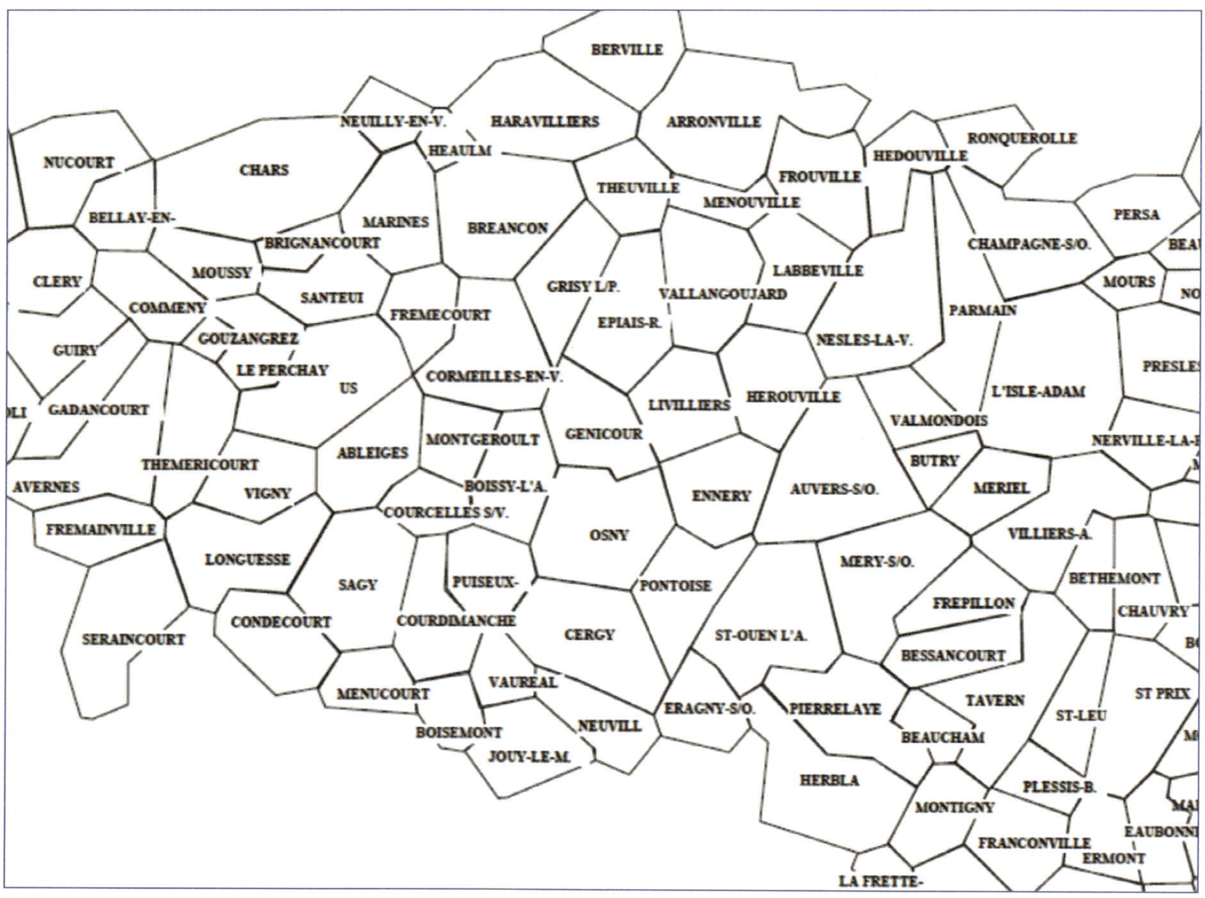

Activité 3 Effectuer une veille commerciale

Votre responsable souhaite effectuer une veille commerciale : il veut connaître l'image de l'entreprise qu'ont les clients.

Prenez connaissance du **document 6**, de l'**annexe 4**, puis effectuez la tâche demandée.

Document 6 Faire de la veille sur le Web et les réseaux sociaux

Faire de la veille pourquoi ?
Nous vivons dans un monde qui se digitalise de plus en plus. Il faut s'adapter à de nombreux changements, de nombreuses innovations et être toujours au cœur de l'actualité. Une entreprise peut rapidement devenir obsolète si elle ne suit pas les tendances. Pour ce faire, il faut faire de la **veille**. La veille peut vous permettre :
- de trouver de **nouvelles idées**,
- de trouver de **nouvelles tendances**,
- de surveiller les **informations** liées à votre **secteur d'activité**,
- d'**anticiper** des **changements** à venir (exemple parfait de la loi sur le RGPD),
- d'**anticiper** les **changements** de **marché**,
- d'**améliorer** sa **stratégie commerciale**,
- d'évoluer, d'**innover**, etc.

Il existe ainsi plusieurs types de veilles :
- la veille **stratégique** : surveiller un secteur et ses évolutions,
- la veille **concurrentielle** : surveiller l'activité des concurrents,
- la veille **e-réputationnelle** : surveiller ce qui se dit de notre entreprise sur le Web et les réseaux sociaux.

Les objectifs de votre stratégie déterminent le type de veille que vous mettez en place. Vous récoltez ensuite des données que vous triez et que vous analysez.

Comment faire de la veille sur le Web et les réseaux sociaux ?
Google détient actuellement la plus grande base de données au monde. Faire de la **veille** sur le **Web** c'est avant tout voir ce qui a été indexé dans cette fameuse base de données. Les données qui sont collectées sur un moteur de recherche proviennent de différentes sources : les **réseaux sociaux** (évidemment), les **sites Internet**, les **blogs**, les **forums**, etc.

www.abcmperformances.com

Votre tâche

1. Énumérez les raisons pour une enseigne d'effectuer une veille commerciale.

....

....

....

2. Identifiez, pour chaque situation de l'**annexe 4**, l'intérêt de la veille effectuée, le type de veille et la source.

Annexe 4 Analyse de situation de veille

Situation	Intérêt de la veille	Type de veille	Source
1. Sur le réseau social TAVIDEO, le parc de jeux « Petit Nuage » présente sa nouvelle attraction gonflable « Saut dans les nuages » afin de respecter les nouvelles normes de sécurité.			
2. L'influenceuse « Malicious » décrit sur son blog le parc de jeu Unicorn'park. Elle vante la disponibilité et la gentillesse des animateurs et des hôtesses.			
3. La « Plaine royale » propose une nouvelle offre anniversaire : « l'unboxing birthay ». Les enfants sont filmés en train d'ouvrir leurs cadeaux et d'autres surprises lors de leurs anniversaires. Le film est mis en ligne sur le réseau social du parc.			

SYNTHÈSE 8

ASSURER LA VEILLE COMMERCIALE ET INFORMATIONNELLE

1. La concurrence

Trois catégories distinctes :

....
....
....

....
....
....

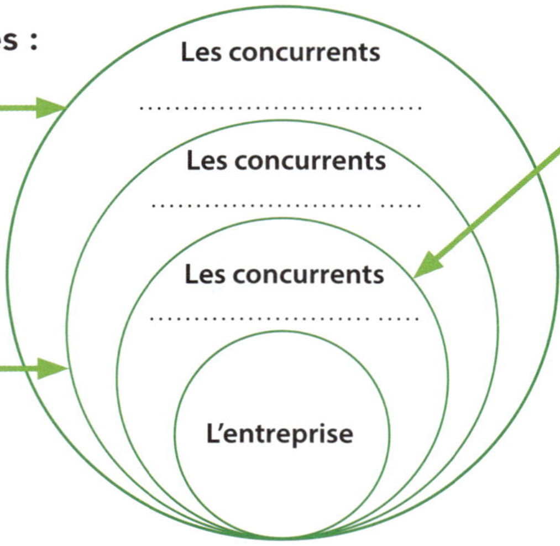

....
....
....
....
....

La position concurrentielle

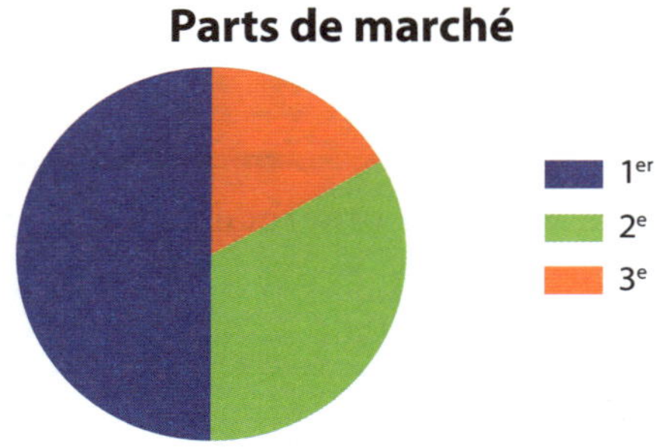

1er : ....
....
....

2e : ....
....
....

3e : ....
....
....

2. La zone de chalandise

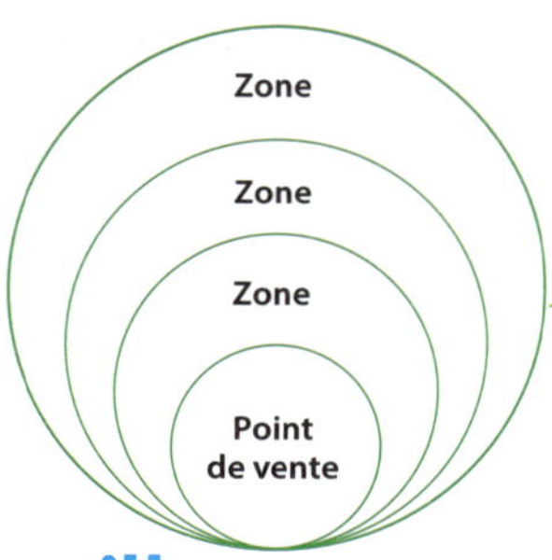

La zone de chalandise : ....
....
....

Courbe .... : ....
....
....

3. La veille commerciale

Il existe plusieurs types de veilles :

- .... : ....
- .... : ....
- .... : ....

COMPÉTENCE 9

Rechercher et exploiter l'information

Parc-Avenue

SITUATION

Parc-avenue est un parc de loisirs, situé à proximité directe de Lyon (69 – Rhône).
Ouvert à un large public de particuliers, mais aussi de professionnels, Parc-Avenue propose des activités diverses, aussi bien pour les petits que pour les grands. Du nouveau lasergame à l'indémodable circuit de karting ou encore les jeux couverts pour occuper les enfants et faire souffler les parents, de beaux moments de détente en perspective, en famille, entre amis ou entre collègues.
Vous êtes sous la responsabilité de Mme DESJARDINS, chef du service commercial.

Référentiel	Compétences	Savoirs associés
Accueil	Repérer les sources d'informations Contrôler l'information Actualiser la base de données Sélectionner l'information Mutualiser l'information	La communication orale et écrite Méthode et outils de recherche d'information La qualité de l'information Le système d'information
Commerce et Vente	Rechercher, hiérarchiser, exploiter et actualiser en continu les informations sur l'entreprise et le marché	L'information Les outils de recherche d'information

Activité 1 Repérer les sources d'information

Il est indispensable au sein du parc de disposer d'informations pertinentes, fiables et utiles. Votre responsable souhaite vérifier vos connaissances en matière de sources d'information.

Prenez connaissance des documents 1 et 2, de l'annexe 1, puis effectuez la tâche demandée.

Document 1 Les sources d'information

Définition

L'information est un ensemble organisé de données, qui constitue un message sur un phénomène ou un événement donné.

lesdefinitions.fr/

Les différents types de sources

Les sources internes	Les sources externes
• **Les documents internes :** tableaux de bord, documents de gestion, guides de procédure interne, comptes rendus de réunion, comptes rendus de visites, études marketing, rapports du service après-vente, rapports d'étonnement, bilans et pièces comptables … • **Les fichiers :** clients, fournisseurs, prospects … • **Le traitement des demandes externes :** courriers et courriels reçus, interrogations du site web de l'entreprise, CV transmis au service du personnel… • **Les personnels :** commerciaux, acheteurs, responsable développement, responsable production, responsable SAV, etc.	• **Les clients :** leurs attentes, leurs réclamations… • **Internet :** presse généraliste et spécialisée en ligne, sites Internet des clients et fournisseurs, forums et blogs (avis d'experts, de consommateurs, …), bases de données gratuites ou payantes, thèses, réseaux sociaux. • **Les fournisseurs d'information :** presse, centres de documentation, courtiers en information,… • **Les partenaires :** fournisseurs, sous-traitants, banques, … • **Les institutions :** administrations, chambres des métiers, organisations ou syndicats professionnels, … • **Les réseaux personnels :** clubs, associations. • **Les manifestations :** colloques, salons, voyages, … • **Les experts :** centres techniques, consultants privés, … • **Les documents des concurrents :** plaquettes publicitaires, rapports d'activité, communiqués de presse. • **Les sources fortuites :** lieux publics.

www.economie.gouv.fr

Les supports de l'information

Les supports textuels • lettres, notes, courriers, courriels, • magazines, livres, publications, périodiques, • dictionnaires, périodiques, • fichiers : fiches produits.	**Les supports sonores** • face à face, • enregistrements audio (appels téléphoniques, appels micros…), • radios et bandes sonores (information au public, communication commerciale, musicale).
Les supports électroniques et numériques • bases de données, • logiciels de gestion électronique des documents (GED), • systèmes de gestion de contenu (logiciels destinés à la conception et à la mise à jour dynamique de sites web ou d'applications multimédia), etc.	**Les supports visuels** • affichage, • photos, • vidéos, • diapositives.

Document 2 Les sources d'information de Parc-Avenue

INFORMATION 1

Définition

Un parc de loisirs est un espace de loisirs en plein air fournissant des activités culturelles, de loisirs et de divertissements.

fr.wikipedia.org

INFORMATION 2

Extrait du code de travail

Les sites de loisirs ont une activité principalement saisonnière. Il en résulte un recours au contrat de travail saisonnier qu'il convient de différencier des autres formes de contrat de travail que sont les contrats à durée déterminée et les contrats à durée indéterminée.

Code du travail, www.legifrance.gouv.fr

INFORMATION 3

Offre d'emploi

Équipier polyvalent temps partiel étudiant (H/F)

En tant qu'Agent Instructeur du parc de loisirs Parc-Avenue, tu accueilles chaleureusement nos visiteurs pour leur faire vivre un moment UNIQUE !

Au quotidien tu participes à l'animation du parc, l'organisation du service, la mise en scène de la MISSION KIDS auprès de tous nos clients. Tu proposes, tu prépares et tu sers avec plaisir boissons, restauration conviviale ou snacking et tu gères l'encaissement.

www.indeed.fr

INFORMATION 4

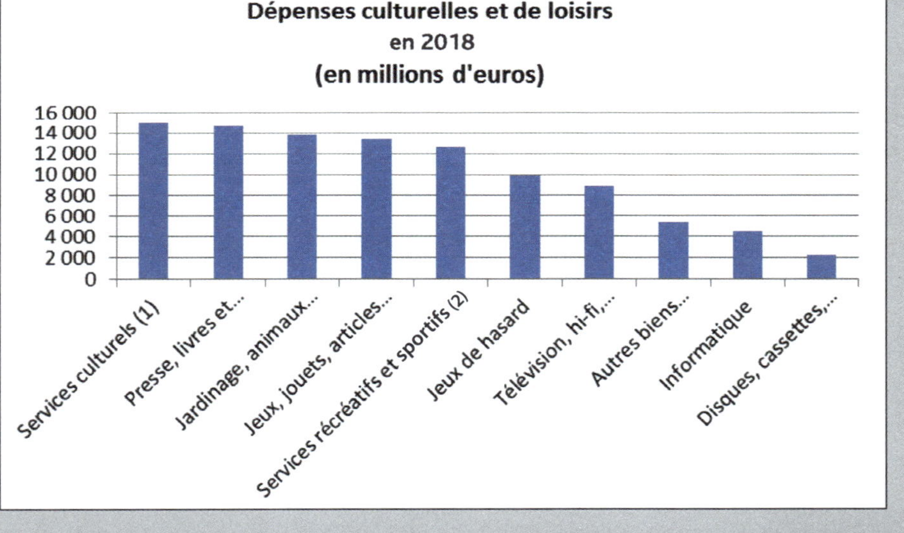

(1) : cinéma, spectacles vivants, musées, abonnements audiovisuels (y compris redevance TV), développements de tirage de photos, etc.

(2) : sport, location de matériel sportif, fêtes foraines, parcs d'attractions, voyages à forfait, week-ends, etc.

www.insee.fr

INFORMATION 5

Tableau de bord : Statistiques de fréquentation

Mois	Septembre	Octobre	Évolution %
Nombre de visiteurs	9 800	8 900	– 10,12 %

Données internes : service commercial

INFORMATION 6

Affichage en salle de repos

Résultats de l'enquête de satisfaction de septembre

78 % des clients sont satisfaits de la qualité de l'accueil au parc.

Le service Accueil

INFORMATION 7

Funny Zoo

Fournisseur Univers et loisirs
Plaquette promotionnelle envoyée par courrier

Funny Zoo

Le principe de fonctionnement des appareils est à la fois **LUDIQUE et PRATIQUE** : l'enfant insère un jeton puis actionne la pédale située sur le plancher. Le Funny Zoo est lancé tel un animal chevauché par l'enfant. Il s'arrêtera automatiquement au terme d'un cycle de temps prédéfini.

www.univers-loisirs.com

INFORMATION 8

Intranet
Courrier interne

De :	lina.razouk@parc-avenue.fr
À :	ressourceshumaines@parc-avenue.fr
Le :	14 octobre
Objet :	Accueil stagiaire Seconde Métiers de la relation client

Cher collègue,
Nous accueillons une nouvelle stagiaire en janvier prochain.
Je te prie de bien vouloir lire et signer les conventions de stages puis les retourner directement à l'établissement scolaire.
Cordialement
Lina RAZOUK

INFORMATION 9

Rappel du règlement intérieur par Julien, animateur

Le port des chaussettes est obligatoire pour des raisons d'hygiène et de sécurité.

INFORMATION 10

Application météo sur smartphone

Jeudi 17 octobre

www.meteo-lyon.net

INFORMATION 11

FICHE DE RÉSERVATION CLIENT (remplie par le service Réception)

Coordonnées du client :

Nom : BERTRAND
Prénom : Hervé
Adresse : 6 rue des Tilleuls – 69006 LYON
Mail : hervébb@yahoo.fr
Téléphone : 06 23 45 65 76

Réservation :

Date : 12 octobre
Plage horaire : 17 h – 21 h
Nombre de personnes : 12

INFORMATION 12

Affichage écran en salle de repos

La meilleure employée du mois
Bravo à SONIA
Pour la qualité de son accueil auprès des clients
Service qualité

INFORMATION 13

Brochure : Aires de jeux – NF EN 1176 et NF EN 1177 – Ce qui change !

Les normes phares dans le domaine des aires de jeux viennent d'être révisées ! Les Éditions AFNOR, soucieuses de répondre au mieux à vos attentes…
« Aires de jeux – NF EN 1176 et NF EN 1177 – Ce qui change » reproduit le texte intégral des normes version 2008 : NF EN 1176 « Équipements et sols d'aires de jeux » (S 54-201) ; NF EN 1177 « Sols d'aires de jeux absorbant l'impact. Détermination de la hauteur de chute libre » (S 54-205). De plus, ce recueil inédit vous propose une comparaison commentée rédigée par des experts.

www.boutique.afnor.org

Votre tâche

- Complétez l'**annexe 1**. Pour chaque information, identifiez :
  - l'information transmise,
  - sa source,
  - son type,
  - son support.

Annexe 1 Les sources d'information

Information	Source	Type de source	Support
1		☐ Interne ☐ Externe	
2		☐ Interne ☐ Externe	
3		☐ Interne ☐ Externe	
4		☐ Interne ☐ Externe	
5		☐ Interne ☐ Externe	
6		☐ Interne ☐ Externe	
7		☐ Interne ☐ Externe	
8		☐ Interne ☐ Externe	
9		☐ Interne ☐ Externe	
10		☐ Interne ☐ Externe	
11		☐ Interne ☐ Externe	
12		☐ Interne ☐ Externe	
13		☐ Interne ☐ Externe	

Activité 2 Rechercher l'information

Votre responsable vous demande de vous familiariser avec les outils permettant de rechercher une information à l'intérieur ou à l'extérieur de votre entreprise.

Prenez connaissance du **document 3**, de l'**annexe 2**, puis effectuez la tâche demandée.

Document 3 Les différents outils de recherche d'information

Internet : un réseau ouvert

Internet est un réseau informatique mondial. Il rend accessible au public un certain nombre de services hébergés. Le point commun de tous ces services est l'utilisation du protocole IP (Internet Protocol) qui assure la communication entre toutes les machines via un navigateur et une connexion.

Moteurs de recherche

Un **moteur de recherche** est une application informatique permettant de rechercher une ressource. Sur Internet, il existe des sites web dont le principal service est la recherche, ils sont alors eux-mêmes désignés comme étant des moteurs de recherche. *Exemples :* Google et Yahoo.

glossaire.infowebmaster.fr

Annuaire de recherche

Un **annuaire de recherche** est un outil de recherche qui référence un très grand nombre de sites en les classant par catégories ou thèmes, à partir d'un index de fiches complétées manuellement par les webmasters. Contrairement à un moteur de recherche qui référence des pages individuelles, un annuaire recense généralement des sites.

L'annuaire le plus connu fut l'annuaire de Yahoo. Les annuaires de recherche sont tombés en désuétude au profit des moteurs de recherche. Il en reste cependant dans certains domaines spécialisés ou dans le domaine B to B (Business to Business).

www.definitions-marketing.com

Portail

Un portail est un emplacement central permettant de mettre tout type d'information à la disposition d'un large public. On peut distinguer deux catégories principales de portails : les portails d'informations d'entreprise et les portails de gestion de contenu.

Les **portails d'informations d'entreprise** regroupent des informations provenant de différentes sources sur un écran unique. Les utilisateurs de ces informations sont consommateurs des informations préparées et publiées par d'autres. *Exemples :* annonces, programmes et événements de l'entreprise, rapports financiers, actualités, météo et mise à disposition d'outils de messagerie…

Les **portails de gestion de contenus** sont conçus pour améliorer l'accès aux informations et leur partage. Dans ce type de portail, les fonctions de publication en libre service permettent aux utilisateurs d'envoyer et de partager tout type de document ou de contenu web avec d'autres utilisateurs, quelle que soit leur situation géographique. *Exemple :* un groupe de travail.

portal.uned.es

Extranet : un réseau privé

Un **extranet** est une extension du système d'information d'une entreprise à des partenaires situés au-delà du réseau de cette entreprise. Cette extension est sécurisée de manière à autoriser l'accès uniquement aux personnes désignées. Il s'agit d'un système offrant par exemple aux clients d'une entreprise, à ses partenaires ou à ses filiales, un accès privilégié à certaines ressources informatiques de l'entreprise par l'intermédiaire d'une interface web.

Intranet : un réseau interne

Un **intranet** est un ensemble de services Internet (*exemples :* un serveur Web, un serveur de messagerie, un serveur de fichiers) à l'échelle d'un réseau local. Des technologies Internet qui reposent sur le protocole IP sont utilisées à l'échelle du réseau d'une entreprise. Ce réseau privé n'est pas visible du réseau Internet. Sa particularité est d'adopter les standards Internet mais de manière privée.

www.ceralis.fr

Votre tâche

- Complétez l'**annexe 2**.

Identifiez, pour chaque situation, l'outil adapté pour effectuer une recherche.

Annexe 2 La recherche d'information

Recherche	Outil
1. Un itinéraire.	
2. Le dernier projet élaboré par l'équipe commerciale au sujet des fêtes de fin d'année.	
3. Les coordonnées d'une entreprise spécialisée dans la location de matériel de jeux.	
4. La dernière lettre d'information de l'entreprise Parc-Avenue.	
5. Un courriel professionnel envoyé par la directrice des ressources humaine.	
6. Les dernières actualités de l'entreprise.	
7. La fiche d'une cliente fidèle.	
8. La notice de montage d'un toboggan d'une entreprise sous-traitante de Parc-Avenue.	

Activité 3 Contrôler et hiérarchiser l'information

Votre responsable souhaite effectuer une étude de marché. Elle vous demande de rechercher des informations au sujet de sa jeune clientèle et de contrôler la qualité des informations transmises.

Prenez connaissance des **documents 4** et **5**, de l'**annexe 3**, puis effectuez la tâche demandée.

Document 4 Les qualités de l'information

L'information doit avoir un certain nombre de qualités. Elle doit être **fiable**, **valide** et **pertinente**.

- Déterminer la **fiabilité** d'une information revient à rechercher sa source, son auteur, son contexte de publication et sa date.
- Déterminer la **validité** d'une information revient à vérifier si l'information est crédible, c'est-à-dire si elle est sérieuse, si son auteur est compétent et si elle est juste et correcte.
- Déterminer la **pertinence** d'une information revient à vérifier si elle est utile. C'est définir si une information répond au besoin d'information, si elle est utile ou non dans le cadre de la recherche effectuée.

Document 5 Les informations recueillies

INFORMATION 1

L'anniversaire est à la fête

Les anniversaires entre copains/copines font partie intégrante des habitudes des 4-14 ans et des mamans : plus d'un enfant sur deux a fêté son dernier anniversaire avec ses ami(e)s. Une pratique sensiblement plus féminine, avec 56 % des filles contre 48 % des garçons. Si la fête trouve son apogée entre 7 et 8 ans, la pratique baisse déjà à partir de 13 ans. Les anniversaires comptent en moyenne sept enfants invités… Très majoritairement du même sexe !

38 % des anniversaires sont organisés à l'extérieur du domicile. Les fêtes au sein des parcs de jeu et autres complexes de loisirs concernent surtout les 4-8 ans, une tranche d'âge très demandeuse d'activités dirigées. Le fast-food attire les 7-8 ans, et redevient ensuite attractif chez les ados. Quant aux garçons de 9-12 ans, ils sont particulièrement friands des lasergames : 16 % y ont fêté leur dernier anniversaire.

Bruno Bokanowski, 8 septembre 2017, www.larevuedujouet.fr

INFORMATION 2

Profitons du plein air

Mardi 17 octobre 2018

Une récente étude montre que le temps passé à jouer en plein air ou à regarder la télévision pendant la petite enfance est déjà prédictif du risque d'obésité ultérieur.

En effet, les comportements impliqués dans la balance énergétique, c'est-à-dire l'équilibre entre les apports énergétiques alimentaires et les dépenses énergétiques liées à l'activité physique, qui sont connus pour influencer le risque d'obésité, interviennent très tôt dans la vie de l'enfant :

- Plus les garçons passent de temps devant des écrans à 2 ans, plus ils ont un pourcentage de masse grasse corporelle élevé à 5 ans,
- Chez les filles, celles qui passent le moins de temps à jouer en plein air à 2 ans présentent un risque accru de développement de la masse grasse.

Pour limiter le risque d'obésité, il apparaît donc essentiel de prévenir au maximum l'installation de ces comportements dès cet âge, d'autant plus qu'ils tendent à se maintenir de la petite enfance à l'enfance, puis de l'enfance à l'âge adulte.

Ces résultats, issus de travaux d'une équipe parisienne, ont été obtenus auprès de 883 enfants de la cohorte EDEN, suivis du début de la grossesse jusqu'aux 10 ans de l'enfant (étude démarrée en 2003).

www.lalettreatable.org

INFORMATION 3

Typologie des jeunes à l'égard de la pratique d'activités physiques et stratégies communicationnelles appropriées pour la promouvoir

Lise Renaud, Monique Caron-Bouchard et Guy Thibault

Les 15 à 17 ans développent leur profil identitaire en puisant à diverses zones de référence : la famille, les amis, les pairs, les collègues de travail, etc. (Bajoit, 2003). Au sein de chacune s'ébauchent une image corporelle et relationnelle, des compétences et des habiletés personnelles, ainsi que des traits de personnalité. […]

À cet effet, développer une intervention promotionnelle sur l'activité physique à l'intention d'un groupe homogène présentant néanmoins nombre de points communs ne constitue pas nécessairement un axe de segmentation judicieux. […]

journals.openedition.org

INFORMATION 4

Aujourd'hui

Lise stagiaire, 17 ans.

Les jeunes préfèrent être connectés : jouer en ligne, être sur les réseaux sociaux. Il aiment les jeux vidéos, jouer de manière virtuelle. Je ne pense pas qu'ils soient intéressés par les parcs de jeux…

Votre tâche

1. Complétez l'**annexe 3**. Identifiez les informations en indiquant pour chacune d'elles :
a) son titre,
b) la date,
c) la source,
d) la ou les idées principales.

Votre responsable souhaite connaître les attentes des clients, notamment les plus jeunes, concernant les parcs de jeux. Il souhaite développer son offre. Il vous demande de préparer de la documentation afin de faire une étude de marché.

2. Complétez l'**annexe 3**.
a) Contrôler la qualité de l'information : indiquez si l'information est :
- fiable,
- valide,
- pertinente.

b) Indiquez la ou les informations que vous allez retenir pour votre étude.

Annexe 3 L'analyse des informations recueillies

Informations	1	2	3	4
Titre				
Date				
Source				
Idée(s) principale(s)				
Qualité de l'information (Justifiez vos réponses)	☐ Fiable ☐ Valide ☐ Pertinente	☐ Fiable ☐ Valide ☐ Pertinente	☐ Fiable ☐ Valide ☐ Pertinente	☐ Fiable ☐ Valide ☐ Pertinente ....
Information à retenir	☐ Oui ☐ Non	☐ Oui ☐ Non	☐ Oui ☐ Non	☐ Oui ☐ Non

TRAVAUX PRATIQUES 9

Be-Good

SITUATION

Vous êtes en PFMP dans l'entreprise Be-Good, située à Avignon (30). L'enseigne Be-Good, « soyez bien » en français, est spécialisée dans la vente de produits de bien-être et de médecines douces.
Elle propose un large choix de produits naturels, dédiés à la forme et à la santé, tels que :
- L'aromathérapie (arômes des plantes aux nombreuses vertus),
- La nutrithérapie (médecine des compléments alimentaires),
- La massothérapie (technique de massage qui favorise la détente et la circulation sanguine),
- L'odorathérapie (la science des odeurs),
- La lithothérapie (médecine non-conventionnelle par les cristaux).

L'entreprise propose ses produits par de multiples canaux :
- Vente à distance, via son site vitrine et sa ligne directe dédiée aux clients,
- Vente en réunion, via les ventes en groupe effectuées par les conseillers.

Vous êtes en relation avec les conseillers en vente de l'entreprise. Vous êtes rattaché au service commercial et après-vente de l'enseigne, sous l'autorité de Mme BAGUY, responsable de ce service.

Activité 1 Actualiser et exploiter une base de données

Votre responsable envisage une opération commerciale à l'occasion des ventes privées et vous demande pour cela d'exploiter la base de données.
Prenez connaissance des documents 1 à 6, des annexes 1 et 2, puis effectuez la tâche demandée.

Document 1 La base de données : définition

La base de données clients est un ensemble de données structurées et organisées, relatives aux clients de l'entreprise.

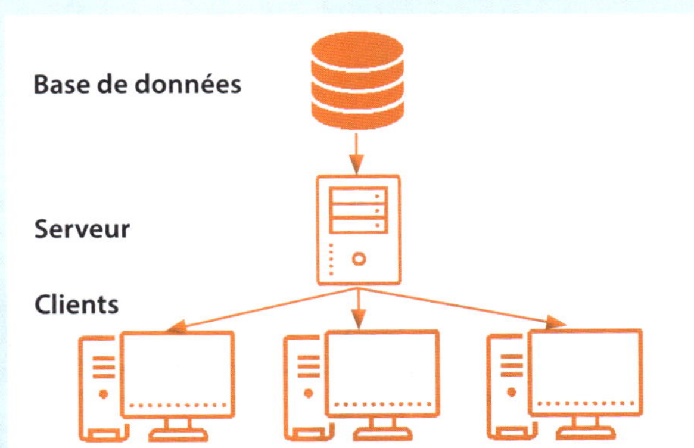

Document 2 Règle juridique

La **loi du 6 janvier 1978**, dite **loi informatique et libertés**, oblige les entreprises à déclarer leurs fichiers informatisés auprès de la Commission Nationale de l'Informatique et des Libertés (CNIL). Elle donne droit à toute personne de prendre connaissance des informations la concernant et lui donne la possibilité de les modifier.
Cette loi a été modifiée et promulguée le **20 juin 2018** pour tenir compte des nouvelles normes européennes. Elle met en conformité la « **loi informatique et libertés** » avec le **Règlement Général sur la Protection des Données (RGPD)**, règlement du 27 avril 2016 directement applicable dans tous les pays européens depuis le 25 mai 2018.

www.cnil.fr

Document 3 Rôle et pouvoirs de la CNIL

La Commission Nationale de l'Informatique et des Libertés (CNIL) est une autorité administrative indépendante dont le but est de veiller à ce que l'informatique respecte l'identité humaine, les droits de l'Homme, la vie privée et les libertés.
Cette autorité dispose d'un pouvoir de contrôle et de sanction en vue de veiller au respect de la loi informatique et libertés. En matière de sanctions, la CNIL dispose d'un large choix de mesures allant du simple avertissement aux sanctions administratives et/ou financières.

www.droit-finances.commentcamarche.com

Document 4 Les moyens de communication

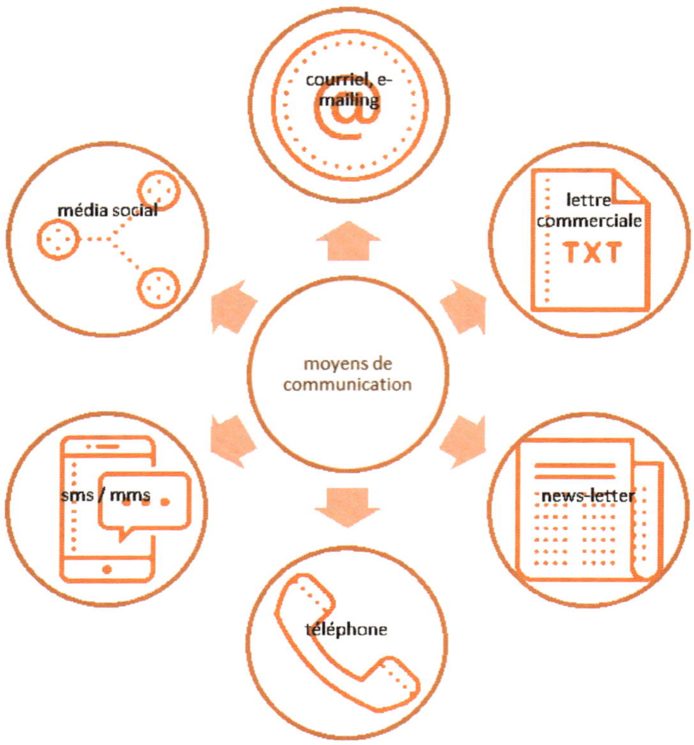

Document 5 Propos de votre responsable

Rédigez l'e-mailing (courriel commercial) qui sera envoyé aux clients sélectionnés en indiquant les informations commerciales ci-dessous et en privilégiant la mise en forme :

- Adresse électronique de l'expéditeur : « info@begood.com »
- Adresse électronique du premier destinataire de la liste
- Objet du message : « Ventes privées »
- Message : précisez
  - l'offre commerciale : « – 30 % à l'occasion des ventes privées »
  - la date : le jeudi 3/01
  - la durée : 24 h seulement
  - les produits offerts : « sur tout le site »

Indiquez que l'équipe reste disponible pour toute demande d'informations complémentaires.

Document 6 Base de données des clients BE-GOOD au 03/01/N

Nom	Prénom	Adresse postale	Téléphone	Adresse électronique	Date d'achat	Type d'achat	Statut client
MOREL	Noémie	2 place de la Gare 44300 Nantes	06 36 87 51 23	nathalie.m@yahoo.fr	23/05/N-1 26/06/N-1 12/09/N-1	Aromathérapie Aromathérapie Aromathérapie	Régulier
JEAN	Michel	15 rue des Oiseaux 75018 Paris	07 24 58 97 23	michel.jean@laposte.net	12/01/N-1	Massothérapie	Occasionnel
YASSIF	Fadila	24 avenue des Mimosas 95800 Cergy	06 95 67 41 44	fadilay@gmail.com	24/02/N-1 12/04/N-1 16/07/N-1	Nutrithérapie Nutrithérapie Odorathérapie	Régulier
MOREU	Magali	48 allée des Tilleuls 46000 Cahors	06 52 84 44 28	magali78@yahoo.fr	12/02/N-1	Lithothérapie	Occasionnel
DIABY	Binta	12 rue des Arts 59800 Lille	07 76 84 21 51	binta.diaby@gmail.fr	16/07/N-1	Massothérapie	Occasionnel
BADUL	Florian	27 rue des Lilas 29200 Brest	06 54 96 87 45	florianb@laposte.net	15/07/N-1 19/09/N-1	Aromathérapie Odorathérapie	Régulier
MARIK	Valérie	89 rue des Abeilles 13001 Marseille	06 21 85 59 56	valerie.mk@gmail.com	26/03/N-1	Massothérapie	Occasionnel
LAVAL	Viviane	3 place des Écoles 33100 Bordeaux	05 56 45 12 33	viviane.laval@icloud.com	12/05/N-1 25/08/N-1 03/11/N-1	Aromathérapie Aromathérapie Massothérapie	Régulier
PATRONAL	Éric	16 avenue Jean Jaurès 60000 Beauvais	07 41 36 87 59	eric.patronal@yahoo.fr	23/08/N-1	Nutrithérapie	Occasionnel
TEIXEIRA	Filipa	68 avenue Nationale 51100 Reims	06 58 41 63 65	filipap@gmail.com	11/04/N-1	Aromathérapie	Occasionnel

Votre tâche

1. Expliquez le rôle de la CNIL (Commission Nationale de l'Informatique et des Libertés).

....

....

....

....

....

....

2. Indiquez les obligations de l'enseigne au regard de la loi.

....

....

....

....

....

....

....

3. Analysez la base de données client :

a) Relevez l'achat le plus récent en produit d'aromathérapie.

....

b) Identifiez la personne qui a effectué le dernier achat en produit de massothérapie.

....

c) Comptez le nombre d'achats effectués par le client BADUL Florian.

....

....

d) Relevez et recopiez l'adresse électronique de YASSIF Fadila.

....

e) Sélectionnez les clients qui présentent un profil « régulier » afin qu'ils profitent des ventes privées.

....

....

....

4. Complétez l'**annexe 1** :

a) Indiquez les moyens de communication adaptés pour communiquer auprès de la clientèle.

b) Sélectionnez les moyens de communication adaptés pour communiquer l'offre.

5. Complétez l'**annexe 2** : rédigez l'e-mailing qui sera destiné aux clients.

Annexe 1 Les moyens de communication

Moyens de communication	e-mailing	Lettre commerciale	News letter	Média social	Téléphone	SMS/MMS
Adaptés	☐ Oui ☐ Non	☐ Oui ☐ Non	☐ Oui ☐ Non	☐ Oui ☐ Non	☐ Oui ☐ Non	☐ Oui ☐ Non
Sélectionnés	☐	☐	☐	☐	☐	☐

Annexe 2 L'offre commerciale : ventes privées

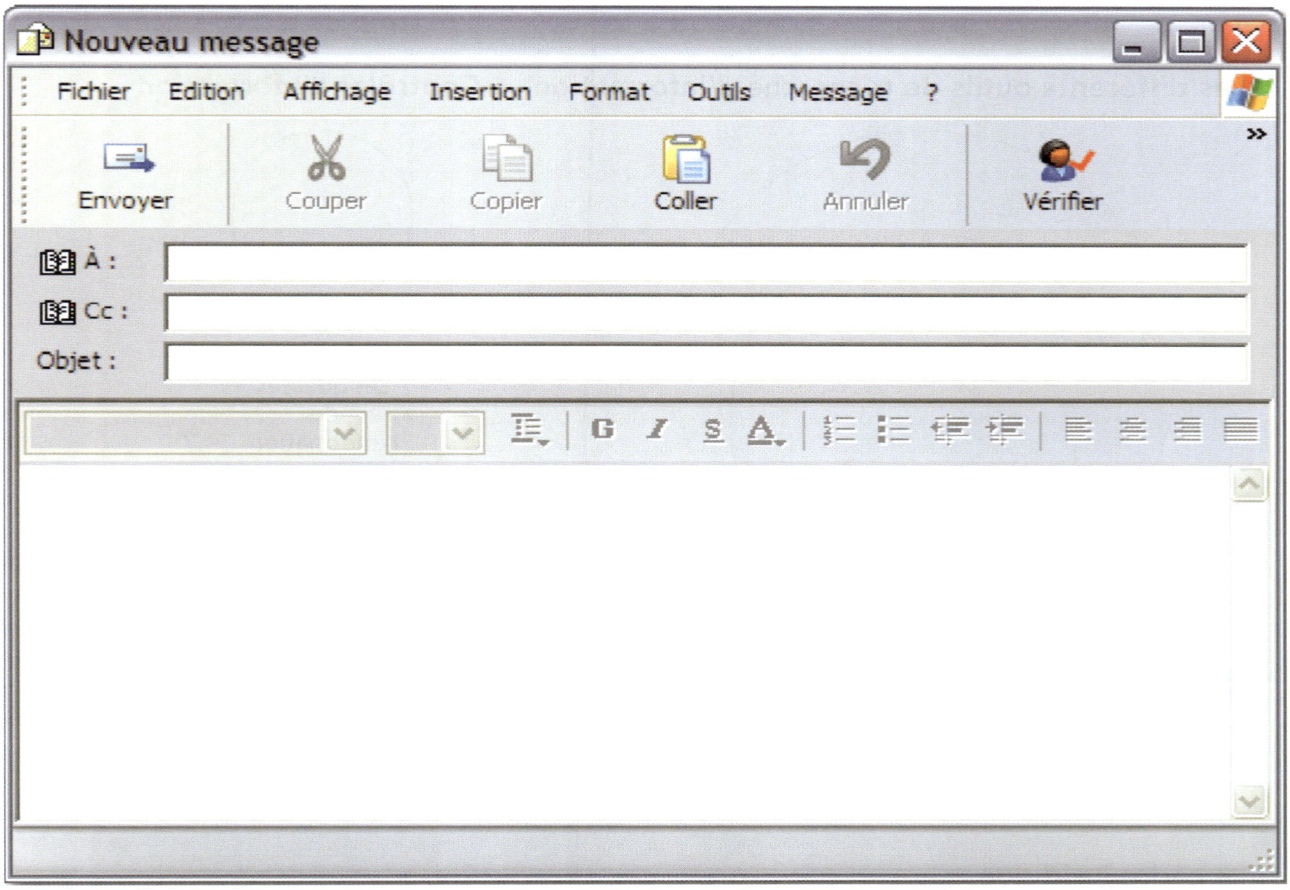

SYNTHÈSE 9

RECHERCHER ET EXPLOITER L'INFORMATION

1. La recherche d'information

Les sources d'information : ....

....

Les différents outils de recherche d'information

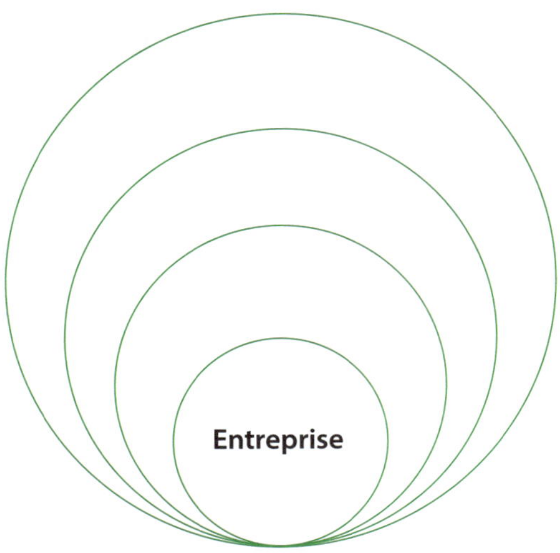

Contrôler l'information

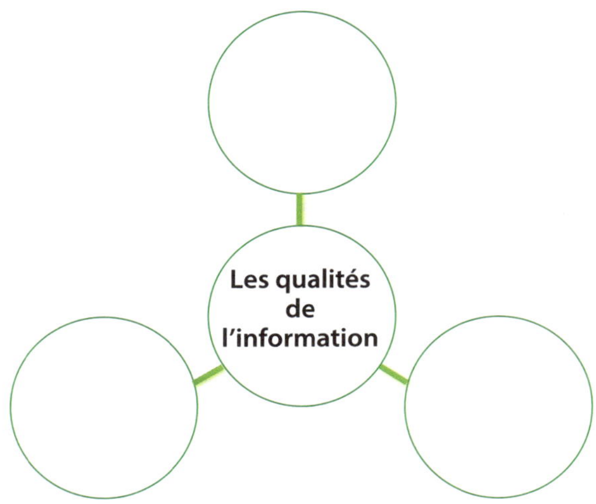

2. Exploiter l'information

La base de données : ....

....

Le cadre juridique

La loi informatique et liberté : ....

....

....

Le RGPD : ....

....

La CNIL

La CNIL c'est

Son rôle :

Ses pouvoirs :

COMPÉTENCE 10 Diffuser l'information

Destinéo Car

SITUATION

Vous êtes en PFMP à l'agence DESTINEO CAR, située à Levallois-Perret (92). DESTINEO CAR est une entreprise spécialisée dans le transport de passagers en autocar. Elle est constituée d'un regroupement de 29 entreprises indépendantes, situées en France, en Belgique, aux Pays-Bas et au Portugal.
Elle dessert de nombreuses destinations en France, en Espagne, en Grande-Bretagne, en Pologne, en Italie, en République tchèque, en Autriche, en Serbie ou encore au Maroc.
L'entreprise DESTINEO CAR, avec un système de réservation simplifié et une offre sans cesse renouvelée, offre à des milliers de voyageurs la possibilité de découvrir le monde à moindre coût. En donnant accès aux plus hauts standards de confort, de sécurité et environnementaux, l'autocar constitue une alternative écologique et agréable au transport individuel.
Vous êtes en PFMP en qualité d'agent d'escale et d'information au sein de l'agence. Vous êtes sous la responsabilité de Mme LALLEMAND.

Référentiel	Compétences	Savoirs associés
Accueil	Repérer les sources d'information Contrôler l'information Actualiser la base de données Sélectionner l'information utile au service Mutualiser l'information Rendre compte	La communication orale et écrite Méthodes et outils de recherche d'information La qualité de l'information Le système d'information
Commerce et Vente	Assurer la veille commerciale Rechercher, hiérarchiser, exploiter et actualiser en continu les informations sur l'entreprise et son marché Collecter et transmettre les informations au service de l'entreprise Recueillir, extraire, exploiter, synthétiser les données Rendre compte des données appropriées	L'information Les outils de recherche d'information

Activité 1 Diffuser l'information auprès de la clientèle de l'agence

Votre responsable vous explique que, dans un souci de qualité de service, l'ensemble de l'équipe commerciale doit être en mesure de véhiculer l'information auprès des clients, par l'ensemble des canaux de communication dont dispose l'agence.

Prenez connaissance des **documents 1** et **2**, de l'**annexe 1**, puis effectuez la tâche demandée.

Document 1 Diffuser l'information auprès de la clientèle de l'agence

Les canaux de communication de l'agence

En face à face
Information directe et personnelle
L'agent accueille, informe, renseigne et conseille le client
Informations : personnelles, sur les conditions de paiement, contractuelles, d'embarquement, de voyage, ou de dernière minute

Smartphone
Informations personnelles et contractuelles
Informations personnelles, avant le voyage et l'embarquement, lors du voyage
E-billet
Utilisation de l'application
WiFi à bord des bus

Réseaux sociaux
Information en temps réel
#Destineo
Promotions
Jeux concours
Information insolite

Au téléphone
Appelez-nous au +33 (1) 700 60 410
Informations pratiques, horaires
Emplacement des gares
Information de dernière minute

ILV de l'agence
Information sur le lieu de vente
Informations générales dans l'agence
Prix, promotions
Les services
Les destinations
Les cars au départ et à l'arrivée
Actualités

Par courriel
Informations personnelles et contractuelles lors de la réservation, avant le voyage et l'embarquement,
Confirmation de réservation : le e-billet et la facture
Envoi d'une newsletter
Envoi de la facture

Diffusion numérique au sein de l'agence :
• Écrans tactiles
• Bornes tactiles

Achat, échange, prix, promotions
Conditions générales de vente
Actualités
Destinations
Informations concernant les cars, le voyage
Offres promotionnelles
Services offerts

Diffusion numérique au sein des cars
• Écrans
• Casques de réalité augmentée
• Application

Informations pratiques (toilettes, savoir vivre dans l'autocar, sécurité, etc.)
Information en temps réel

Par Internet
Informations générales et contractuelles
Le portail de l'agence sur Internet, rubrique « foire aux questions »
Réservation
Prix, promotions
Services
Destinations
Cars au départ et à l'arrivée
Actualités

Au micro
Information directe et générale et sur les quais
Information concernant l'enregistrement, l'embarquement, les retards et les changements de quai

Document 2 Liste des informations à diffuser aujourd'hui

Information à diffuser
1. Changement de tarif
2. Retard du car 3432, lors du voyage, de 30 minutes, sur le trajet Londres–Paris
3. Mise à jour des règles de savoir vivre lors d'un trajet
4. Offre préférentielle (30 % de remise) pour un client fidèle, sur le trajet de son choix
5. Travaux dans l'agence : fermeture des quais 1 à 3
6. Le capitaine accompagne et installe le client à mobilité réduite à bord
7. Organisation d'un jeu de collecte de jouets pour Noël
8. Changement des conditions générales de vente
9. Changement d'itinéraire pour des raisons climatiques pour le car 3433 Paris-Turin
10. Nouveau service : prêt de casque de réalité augmentée dans les bus
11. Mise à jour de la carte interactive : temps de trajet et informations sur les différentes étapes de l'itinéraire
12. Information au client concernant les autres moyens de mobilité mis à sa disposition à l'issue du voyage : trains, taxi, VTC, etc.
13. Présentation de la carte d'identité ou du e-billet lors de l'embarquement
14. Mise à jour des informations concernant la perte d'objet dans les cars
15. Nouvelle rubrique : comment localiser mon bus ?
16. Mise à jour du plan de la gare routière
17. Liste des cars au départ pour la journée
18. Informations concernant les échanges et les remboursements

Votre tâche

• Complétez l'**annexe 1** : identifiez et sélectionnez, pour chaque information à diffuser, les canaux adaptés.

Annexe 1 Choix des canaux de diffusion

Information	Canaux de diffusion
1	
2	
3	
4	
5	
6	
7	
8	
9	
10	
11	
12	
13	
14	
15	
16	
17	
18	

Activité 2 Diffuser une information écrite

Votre responsable souhaite lancer une nouvelle offre promotionnelle. Elle envisage d'informer les clients abonnés. Elle souhaite diffuser cette offre dans la prochaine newsletter.

Prenez connaissance des **documents 3** à **5**, de l'**annexe 2**, puis effectuez la tâche demandée.

Document 3 La newsletter

Une **newsletter** est une lettre d'information envoyée régulièrement par e-mail à une liste de diffusion, c'est-à-dire à des abonnés.

En **marketing**, une newsletter est à vocation commerciale. Elle peut servir à informer les abonnés de certaines promotions ou opérations commerciales spéciales, ou comporter un contenu éditorial informatif, par exemple pour présenter un nouveau produit ou préparer la mise sur le marché d'une nouvelle offre de services. Une newsletter peut également être téléchargée par les internautes, directement sur le site web de l'émetteur.

Dans l'**e-commerce**, c'est un moyen rapide et gratuit d'atteindre un grand nombre de prospects et d'augmenter les ventes, en fonction du nombre d'utilisateurs enregistrés dans la base de données.

www.journaldunet.fr

Document 4 Contenu des newsletters Destinéo

Les clients abonnés reçoivent les informations suivantes :

✓ Bonnes affaires
✓ Super promotions
✓ Jeux concours exceptionnels
✓ Bons d'achat
✓ Nouvelles destinations, nouveaux trajets
✓ Astuces et idées de voyage

Inscription individuelle et gratuite sur Internet
Diffusion bimensuelle

Document 5 Nouvelle offre Destinéo

PASS DESTINEO
Découvrir 5 villes à travers l'Europe pour seulement 99,00 €

Caractéristiques du produit :
1 Pass – 5 trajets en Europe : Le client choisit 5 trajets, parmi plus de 250 000 trajets quotidiens de notre réseau desservant 1 700 destinations dans 28 pays européens, et parcourt le continent d'un bout à l'autre. Le client choisit la date et la ville de départ.

Informations complémentaires :
- Prix : **99 €**
- Réservation du voyage possible **48 h** après l'achat des codes d'activation.
- Durée de validité : **3 mois.**
- Les billets sont personnalisés (non transférables à des tiers).
- Possibilité de réserver uniquement des **trajets directs**.
- En voyageant en bus, le client contribue à la protection de l'environnement : il s'agit d'un **moyen de transport écologique**.
- Dans le car, le client bénéficie d'un **accès gratuit à un réseau sans fil** et peut utiliser les **prises de courant** à sa disposition.
- L'agence propose une politique avantageuse concernant **les bagages**.

Procédure :
À travers l'Europe en 3 étapes
 # 1 Obtenir des codes des bons d'achat
Le client se connecte sur Internet grâce à un lien mis dans la newsletter, il se procure les codes des bons d'achat.
#2 Utiliser les codes & planifier le trajet
Le client utilise ensuite ses codes sur le site ou l'application DESTINEO lors de sa réservation.
#3 Réserver le trajet
Le client peut voyager pendant 3 mois à travers l'Europe.

Mise en forme de la newsletter :
Rédaction du contenu à la première et la deuxième personne du pluriel
Ajouter des liens hypertextes

Votre tâche

1. Énumérez les types d'informations diffusées dans la newsletter de l'agence.

....

....

2. Indiquez la périodicité de la newsletter.

....

3. Indiquez la cible des clients touchée par la newsletter de l'agence.

....

4. Indiquez le canal emprunté par la newsletter.

....

5. Pour la newsletter à rédiger, indiquez les types d'informations diffusées.

....

....

6. Complétez l'**annexe 2** : rédigez la newsletter.

Annexe 2 Newsletter

De :	
À :	
Objet :	

Activité 3 Diffuser une information orale

Mme LALLEMAND, votre responsable, vous explique que les agents d'accueil et d'information sont les premiers vecteurs d'information, ils doivent veiller à la qualité des informations transmises. Elle vous confie la mission de préparer les annonces micro à diffuser au sein de l'agence.

Prenez connaissance des **documents 6** et **7**, de l'**annexe 3**, puis effectuez la tâche demandée.

Document 6 Annonce micro : les formules clés

FORMULES :

de prise de contact
« Votre attention, s'il vous plaît, nous informons notre aimable clientèle… »
« Chers clients, … »

d'annonce
À formuler en fonction de l'annonce à diffuser

À répéter une fois
« Je répète,… »

de prise de congé
« Merci et bonne journée »
« Merci, nous vous souhaitons un agréable voyage »
« Toute l'équipe DESTINEO vous souhaite un agréable voyage »

Document 7 Propos de votre responsable

Peux-tu me préparer une annonce pour informer les voyageurs ?

Destination Vienne
Départ 8 h 30
Car 3456
Quai 4
Embarquement immédiat

Votre tâche

1. Expliquez l'intérêt du message à diffuser lors de l'annonce micro.

……………………………………………………………………………………………

……………………………………………………………………………………………

2. Indiquez l'intérêt d'utiliser ce canal.

……………………………………………………………………………………………

……………………………………………………………………………………………

3. Énumérez, selon vous, l'attitude verbale et non verbale à adopter lors de l'annonce micro par l'agent.

……………………………………………………………………………………………

……………………………………………………………………………………………

4. Complétez l'**annexe 3** : rédigez l'annonce micro.

Annexe 3 Annonce micro

Activité 4 Diffuser une information digitale

Votre responsable vous explique qu'il devient nécessaire de communiquer en temps réel à travers les réseaux sociaux. Elle vous demande pour cela d'effectuer une veille commerciale et informationnelle des principaux concurrents quant à l'utilisation d'un réseau social de microblogage.
Prenez connaissance des **documents 8** et **9**, des **annexes 4** et **5**, puis effectuez la tâche demandée.

Document 8 Microblogages diffusés sur le réseau social

1

2

3

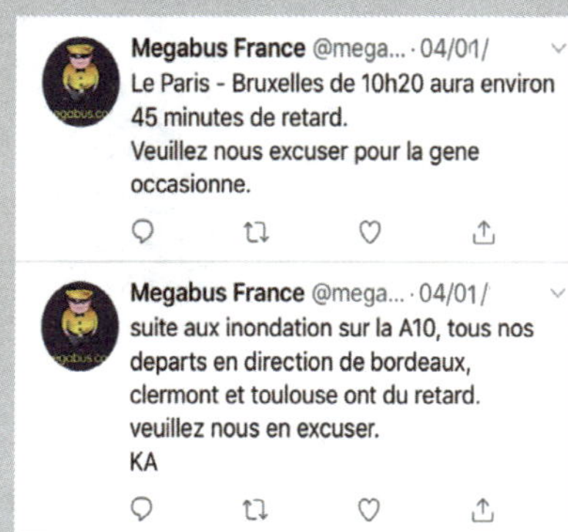

4

5

6

Document 9 Messages à diffuser sur le réseau social de l'agence

Message 1
Mots clés : Destinéo, météo, infotrafic, intempéries, neige
Intempéries : aujourd'hui et demain
Départ concernés : Paris-Lille, Paris-Bruxelles
Suppression ou modification de certains trajets
Les clients recevront un SMS ou un mail

Message 2
Mots clés : à définir
Évènement : la Saint-Valentin
Concours photo
Les clients sont invités à poster leurs photos et vidéos sur le thème de la Saint-Valentin « ici et ailleurs »
Le message qui recevra le plus de « j'aime » se verra offrir un voyage pour deux, destination Venise

Votre tâche

1. Complétez l'**annexe 4** : analysez les microblogs diffusés par les concurrents sur le réseau social.

2. Complétez l'**annexe 5** : rédigez les deux messages à diffuser.

Annexe 4 Analyse des microblogs diffusés

Source	Origine de la source	Date	Contenu	Mot(s) clé(s) employé(s)
1				
2				
3				
4				
5				
6				

Annexe 5 Messages à rédiger

Message 1

DESTINEO CAR @DESTINEO / /N V

Message 2

DESTINEO CAR @DESTINEO / /N V

TRAVAUX PRATIQUES 10 Cuis'in

SITUATION

Vous êtes en PFMP à la concession Cuis'in, située à Rouen (76). Ce magasin propose sur le marché, depuis 10 ans, des cuisines équipées économiques. Un concept marketing unique qui distingue Cuis'in de ses concurrents : un ton décalé, une communication ironique, un esprit novateur et chaleureux, des produits de qualité et écologique…
Vous êtes sous la responsabilité de M. LENORMAND, directeur de la concession.

Activité 1 Diffuser une information sur un blog

Votre responsable vous explique que la concession communique auprès de sa clientèle, au travers d'un blog, en plus des outils traditionnels de communication. Celui-ci est mis à jour régulièrement. Votre responsable vous confie la mission de diffuser quelques informations.

Prenez connaissance des documents 1 et 2, de l'annexe 1, puis effectuez la tâche demandée.

Document 1 Page d'accueil du blog

Document 2 Informations à diffuser

1. Des photos, au sujet de la cuisine familiale de **Peter et Nathalie**. Ils ont installé dans la cuisine un **îlot effet marbre**.

2. Le samedi 2 février, c'est **Chandeleur Party** dans nos magasins Cuis'in ! Nos conseillers mettent la main à la pâte à crêpes pour la Chandeleur Party.

3. Le métal : matériau star en cuisine !
La tendance du métal en cuisine est bel et bien là ! Cuisi'in décline le métal dans tous ses états et permet de personnaliser la cuisine au gré de ses envies.

4. Jeu concours 100 000 fans : un micro-onde encastrable à gagner !
Vous êtes 100 000 fans sur la page Facebook Cuis'in ! Merci. Pour fêter ça, un micro-onde à gagner…

5. Comment adopter le **Living Coral*** dans la cuisine ?
On l'adopte… sur les murs de la cuisine, pour délimiter cet espace par rapport au reste de la pièce à vivre.
Idéal si… le mobilier de la cuisine arbore une teinte neutre, et si l'on veut réveiller la pièce ou la dynamiser.
* Couleur Pantone de l'année vue chez Cuis'in! - Article de « Maison à Part », Janvier N.

6. La bonne hotte pour ma cuisine !
En cuisine, l'hiver sera hot(te). Pour vous aider à choisir la bonne hotte à installer au-dessus de votre plaque de cuisson, selon votre usage et vos attentes, c'est par ici !

7. Petites cuisines de Cuis'in : le plein d'astuces !
Le magazine Cuisines & Bains s'immisce dans trois petites cuisines et décrypte pour vous les bonnes astuces de conception ! Article de « Cuisines & Bains Magazine ».

Votre tâche

- Complétez l'**annexe 1** : pour chaque information à diffuser, indiquez la rubrique du blog concernée.

Annexe 1 Information à diffuser

Information	Rubrique du blog concernée
1	
2	
3	
4	
5	
6	
7	

Activité 2 Diffuser une information sur un réseau de microblogage

Votre responsable vous explique que l'enseigne commercialise des équipements soucieux de l'environnement et de son équilibre. Il souhaite profiter de la semaine européenne du développement durable pour communiquer auprès de sa clientèle.
Prenez connaissance des **documents 3** à **5**, de l'**annexe 2**, puis effectuez la tâche demandée.

Document 3 La consommation responsable chez Cuis'in

Tous éco-conso ! En achetant Cuis'in, vous consommez responsable, la preuve :

Naturellement
Cuis'in choisit principalement des matériaux naturels et des panneaux à faible taux de formaldéhyde.

100 % recyclage
Cuis'in privilégie toujours les matériaux recyclables à 100 %, de qualité supérieure et résistant au temps. Garder pour longtemps, c'est jeter moins souvent. Et dès que c'est possible, nos déchets sont systématiquement transformés et valorisés.

Durablement
Précieuses forêts ! Bien sûr, tous nos bois proviennent de forêts gérées durablement, certifiées PEFC.

Document 4 Propos de votre responsable

La « semaine européenne du développement durable » a lieu chaque année du 30 mai au 5 juin. Elle a pour objectifs de promouvoir le développement durable, de sensibiliser chacun à ses enjeux et de faciliter une mobilisation concrète tant individuelle que collective.
Notre enseigne profite de cette occasion pour informer les clients sur notre stratégie commerciale en termes de développement durable.
Nous envisageons cette année d'utiliser le réseau twitter, réseau de microblogage, notre cible de clientèle utilisant ce réseau.
Peux-tu préparer le brouillon de ce message ?
Ce message sera découpé et diffusé en trois parties :
– Naturellement
– 100 %
– Durablement
Chaque partie comportera des mots clés, une photo et le texte que je te laisse rédiger. Nous proposerons également une invitation à venir en magasin découvrir nos cuisines.

Document 5 Icône à utiliser sur le microblog

		GIF	LIVE		
Insertion photo	Localisation	Insertion d'image animée	Créer des vidéos en direct	Effectuer un sondage	Ajouter du texte supplémentaire

Votre tâche

- Complétez l'**annexe 2** : pour chaque partie du message,
  1. Concevez le message à diffuser sur le compte.
  2. Entourez les items correspondant aux insertions autres que le texte à diffuser.

Annexe 2 Brouillon du message sur le réseau de microblogage

X	Brouillons				
	Quoi de neuf				
CUIS'IN					
		GIF	LIVE		

CUIS'IN					
		GIF	LIVE		

CUIS'IN					
		GIF	LIVE		

SYNTHÈSE 10

DIFUSER L'INFORMATION

1. Notion d'information

....

....

2. Mots clés (outils, supports, moyens de communication, etc.)

# Accueil	#	#
#	#	#
#	#	#
#	#	#
#	#	#
#	#	#
#	#	#
#	#	#
#	#	#
#	#	#
#	#	#
#	#	#
#	#	#
#	#	#
#	#	#
#	#	#
#	#	#
#	#	#
#	#	#
#	#	#
#	#	#
#	#	#
#	#	#
#	#	#
#	#	#
#	#	# WiFi

Activité 4

Construire son projet d'orientation progressive

COMPÉTENCE 11 Intégrer la seconde

Une intégration réussie

SITUATION

Vous venez d'intégrer la classe de seconde, en lycée professionnel ou en centre de formation. Le lycée professionnel est un tremplin vers une insertion immédiate dans la vie active ou vers des poursuites d'études réussies.

En classe, les enseignements professionnels et les enseignements généraux sont enseignés en complémentarité.

Votre parcours scolaire est plus personnalisé et progressif. C'est donc :
- plus d'accompagnement dans les apprentissages et dans l'orientation ;
- de nouvelles méthodes d'apprentissage, plus concrètes et tournées vers le monde professionnel ;
- une meilleure préparation à la sortie du lycée, vers l'insertion professionnelle ou la poursuite d'études.

Vous êtes en seconde professionnelle famille des Métiers de la Relation Client. Pendant l'année de seconde, vous apprendrez les savoir-faire communs à tous les métiers de ce secteur. En fin de seconde, vous connaîtrez encore mieux chaque métier et vous pourrez choisir votre spécialité de baccalauréat. Si vous choisissez une spécialité qui n'est pas enseignée dans votre lycée, vous aurez la possibilité de changer d'établissement entre la classe de seconde et la première.

Vous venez d'entrer en seconde professionnelle, votre objectif : intégrer une nouvelle formation. Vous allez dans un premier temps vous découvrir, percevoir vos qualités, et identifier vos aspirations…

Activité 1 Se découvrir/découvrir les autres

Vous venez d'intégrer une classe de seconde. Vous êtes nouveau dans le lycée, dans la classe. Vous intégrez une nouvelle équipe. En effet, dans un service, une agence ou un magasin, vous faites partie d'une équipe. Profitons de la récente coupe du monde de football, que nous avons gagnée, pour faire connaissance et faire équipe !

Prenez connaissance du **document 1**, de l'**annexe 1**, puis effectuez la tâche demandée.

Document 1 Le maillot de football

Les caractéristiques du maillot		Le maillot
Les étoiles	Ce qui m'illumine, m'éclaire, me motive, ce qui est ma force, etc.	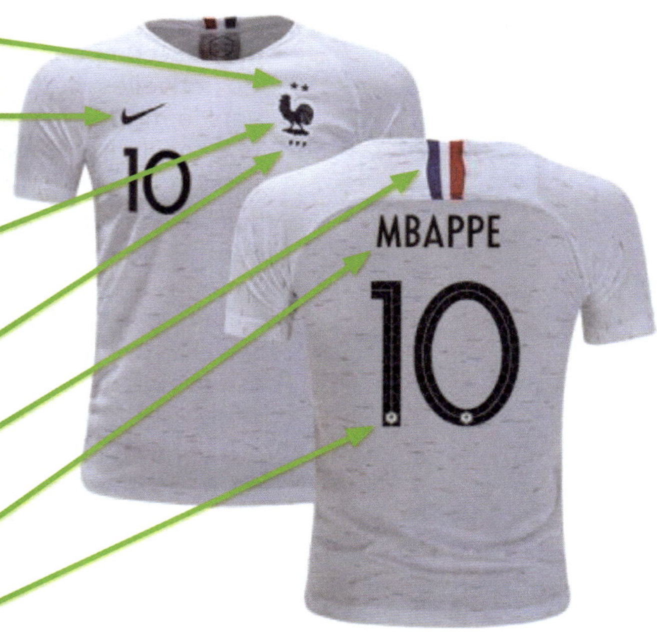
Le logo	Ce qui me caractérise, me détermine, me représente, mon emblème, ma marque de fabrique, etc.	
Les écussons	**Le coq :** ce qui fait ma fierté, mon orgueil, ce qui m'élève, me rend supérieur, etc.	
	La fédération (FFF) : Ce dont à quoi j'adhère, je participe, le groupe, l'équipe, le collectif, etc.	
Le drapeau	Mes couleurs, mes couleurs préférées, etc.	
Le nom	Mon nom, mon surnom, mon diminutif, ce qui me désigne, etc.	
Les chiffres	Mon chiffre porte bonheur, mon âge, mon numéro gagnant, etc.	

Mon but	Le ballon
1. Mon projet de parcours scolaire **2.** Mes projets professionnels **3.** Mon projet personnel : envies, famille, voyages, etc. **4.** Mes projets de stage **5.** Mon projet en fin de seconde : Accueil ou Commerce et Vente ?	

Votre tâche

1. Complétez l'**annexe 1**. Dressez votre profil en construisant :
   - votre maillot personnalisé,
   - votre ballon officiel.
2. En binôme, présentez votre ballon à votre équipier.
3. En classe, votre équipier vous présente au reste de l'équipe.

Annexe 1 Le maillot personnalisé et le ballon officiel

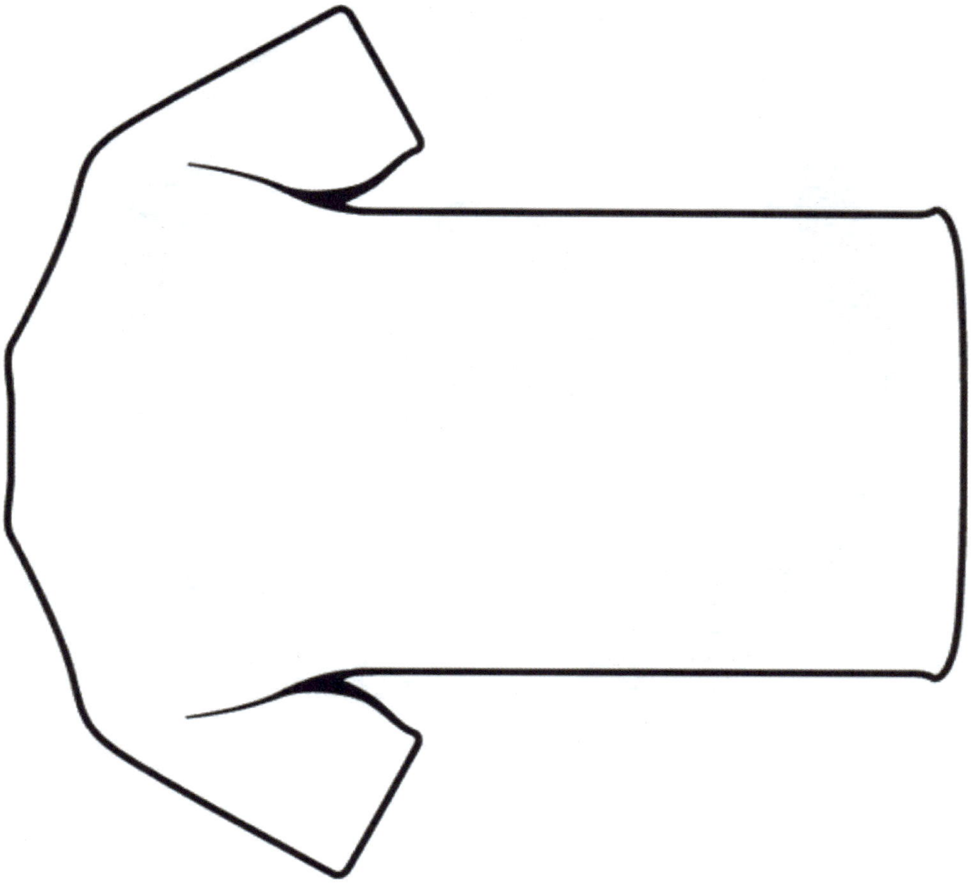

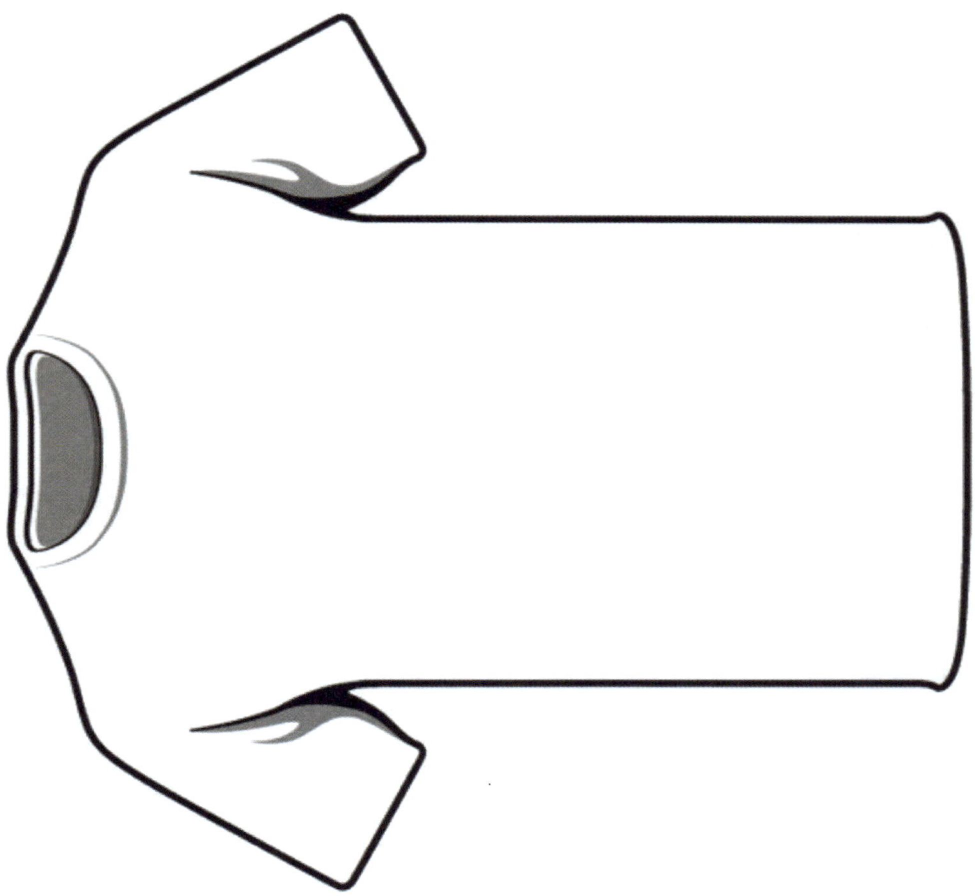

Activité 2 Découvrir la Seconde Famille des Métiers de la Relation Client

Vous intégrez cette année une seconde professionnelle Famille des Métiers de la Relation Client. L'entrée dans cette seconde va vous permettre de consolider vos choix et de vous donner l'opportunité de vous diriger vers la spécialité de la famille correspondant le mieux à vos aspirations.
Dans la perspective d'une insertion professionnelle ou d'une poursuite d'études réfléchie, vous êtes ainsi accompagné dans la construction de votre projet professionnel et de votre parcours de formation.

Prenez connaissance du **document 2**, puis effectuez la tâche demandée.

Document 2 Le parcours de formation

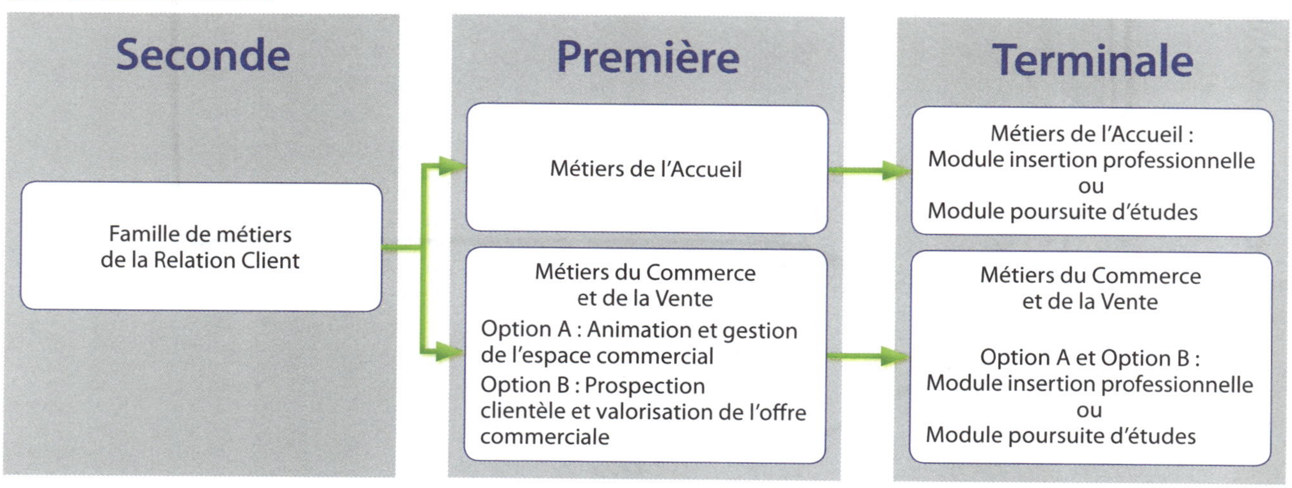

Votre tâche

Indiquez les choix que vous avez à effectuer en matière d'orientation et de projet professionnel.

1. En classe de seconde.

2. En classe de première.

3. En classe de terminale.

Activité 3 Découvrir ses « soft skills » : son potentiel

Chaque individu développe des compétences humaines, des qualités, appelées en anglais **soft skills**. Ces qualités, en plus des compétences professionnelles et techniques développées en lycée professionnel, sont très recherchées par les recruteurs. Quelles sont les vôtres ?

Prenez connaissance des documents 3 et 4, de l'annexe 2, puis effectuez la tâche demandée.

Document 3 Notion de « soft skills »

Assimilé à des **compétences humaines**, le terme **soft skills** désigne les **compétences comportementales**. À côté des compétences techniques, les « hard skills », les qualités humaines et relationnelles, les « soft skills », sont de plus en plus valorisées par les recruteurs. Orientées sur le long terme, elles aident à anticiper la capacité du candidat à s'intégrer efficacement et à s'épanouir au sein d'une équipe et dans ses relations avec l'extérieur. Les « soft skills » peuvent être des qualités personnelles autant qu'interpersonnelles.

Document 4 Les « soft skills » des métiers de la relation client

Votre tâche

1. Identifiez les compétences qui sont les plus représentatives des métiers de la relation client.

....

....

....

2. Identifiez, selon vous, les compétences communes aux trois formations Accueil, Commerce, Vente : placez-les dans la surface centrale du cercle.

3. Identifiez, selon vous, les compétences propres à chaque formation Accueil, Commerce, Vente : placez-les dans la surface de chaque formation correspondante.

4. Identifiez, selon vous,

a) les compétences communes aux formations Accueil et Commerce,
b) les compétences communes aux formations Accueil et Vente,
c) les compétences communes aux formations Vente et Commerce.

Placez-les dans les surfaces à l'intersection des deux cercles respectifs.

Annexe 2 Les compétences

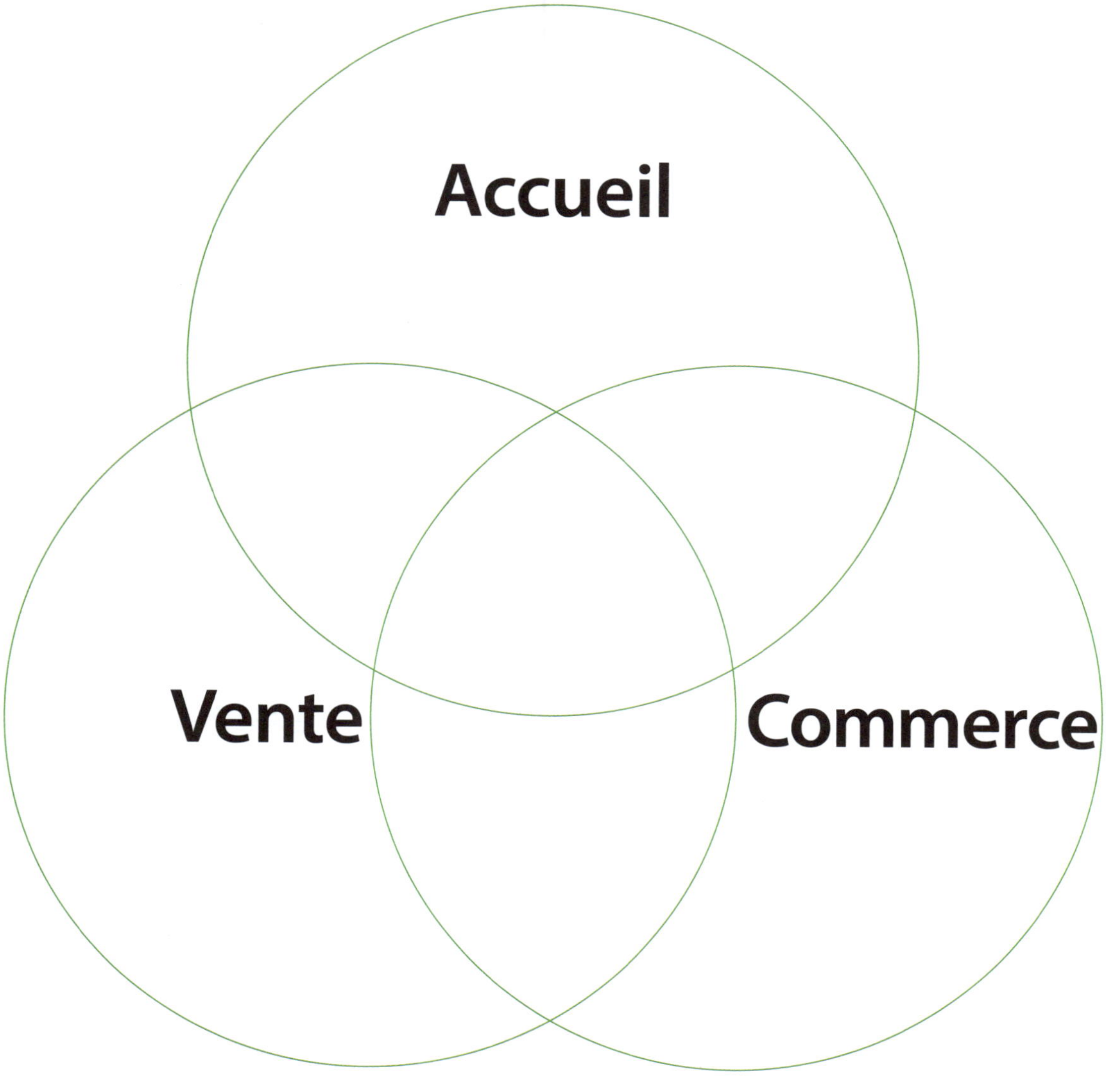

Activité 4 Découvrir progressivement une formation

La professionnalisation est progressive en classe de seconde… Vous arrivez, déjà, à vous positionner. Accueil, Commerce, Vente, quelle formation choisir ?

Prenez connaissance de l'**annexe 3**, puis effectuez la tâche demandée.

Votre tâche

Complétez le test, vous découvrirez la formation qui peut être correspond à vos aspirations.

1. Additionnez les pictogrammes : ■ ● ◆.
2. Identifiez la formation qui se rapproche de vos aspirations. Demandez conseil et aide à votre professeur pour interpréter les résultats.

Annexe 3 Test : quelle formation ?

1. De moi, je dirais que je suis :
- ☐ ■ Dynamique
- ☐ ● Curieux
- ☐ ◆ Patient

2. Ma tenue professionnelle, c'est plutôt :
- ☐ ● Porter une tenue vestimentaire correcte correspondant aux attentes des clients
- ☐ ◆ Porter une tenue vestimentaire en fonction d'un évènement ou d'un dress-code
- ☐ ■ Porter une tenue vestimentaire propre à l'entreprise

3. Mes horaires :
- ☐ ◆ Cela m'est indifférent, le matin ou le soir, le soir et WE, une semaine sur deux
- ☐ ■ Les horaires de l'entreprise, selon un emploi du temps
- ☐ ● C'est moi qui détermine mon emploi du temps

4. Les contraintes de travail :
- ☐ ◆ Je respecte les procédures, les chartes
- ☐ ■ Je respecte les règles d'hygiène et de sécurité
- ☐ ● Je respecte les lois, la réglementation

5. J'espère, dans mon travail :
- ☐ ◆ Être mobile souvent
- ☐ ● Être mobile tout le temps
- ☐ ■ Être sédentaire

6. Ma rémunération :
- ☐ ■◆ Je reçois un salaire fixe tous les mois
- ☐ ● Je suis rémunéré en fonction de mes ventes

7. J'aimerais dans mon futur métier :
- ☐ ◆ Traiter une demande
- ☐ ■ Traiter une commande
- ☐ ● Traiter une affaire

8. Pour moi, accueillir le client, c'est d'abord :
- ☐ ◆ Un regard souriant
- ☐ ● Une poignée de main
- ☐ ■ Un bonjour enthousiaste

9. Pour moi, sourire c'est :
- ☐ ◆ Naturel
- ☐ ■ Difficile, je suis timide
- ☐ ● C'est professionnel, c'est mon travail

10. Ma posture :
- ☐ ◆ J'aime rester assis
- ☐ ■ J'aime rester debout
- ☐ ● Peu importe

11. Pour moi communiquer c'est :
- ☐ ◆ À l'oral essentiellement (accueillir, assister, orienter guider, etc.)
- ☐ ■ À l'oral et à l'écrit régulièrement (conseiller, facturer, estimer, etc.)
- ☐ ● À l'oral et à l'écrit tout le temps (relance téléphonique, conseiller, éditer, estimer, etc.)

12. Les appels téléphoniques :
- ☐ ● J'aime appeler les clients
- ☐ ◆ J'aime recevoir les appels
- ☐ ■ Je n'envisage pas de manipuler le téléphone

13. J'aime manipuler :
- ☐ ■ Les produits
- ☐ ● Les cartes, les plans
- ☐ ◆ Les dossiers

14. Mes outils de travail :
- ☐ ◆ Un ordinateur, un badge, un micro, un téléphone
- ☐ ■ Un ordinateur, une imprimante, une douchette, un cutter
- ☐ ● Un ordinateur portable, une carte de visite, un smartphone

15. J'aime :
- ☐ ■ Rechercher des produits adaptés aux attentes des clients
- ☐ ◆ Rechercher l'information ou la prestation adaptée au client
- ☐ ● Rechercher des solutions adaptées à mes clients

16. Le contact avec les clients :
- ☐ ■ J'aime conseiller et vendre
- ☐ ◆ J'aime informer, orienter et renseigner
- ☐ ● J'aime trouver une solution adaptée et négocier

17. Je suis attentif au client :
- ☐ ◆ Je l'observe, je le vois venir
- ☐ ■ Je l'attends
- ☐ ● Je le surveille

18. Il m'arrive d'apprécier :
- ☐ ■ Animer, agencer
- ☐ ◆ Organiser, planifier
- ☐ ● Préparer, effectuer un suivi

19. Je manipule les chiffres :
- ☐ ◆ Des numéros de dossier, de clients, de carte, etc
- ☐ ■ Des références, des codes, des numéros de factures
- ☐ ● Des numéros de téléphones, des comptes clients, des codes

20. Pour moi, la relation client passe par les réseaux sociaux,
- ☐ ◆ C'est pour informer
- ☐ ■ Vendre
- ☐ ● Rechercher de nouveaux clients

Mon bilan Premier trimestre

Mon entretien de rentrée :

....

....

....

Les personnes que j'ai rencontrées :

☐ Un professionnel	☐ Un recruteur (stage)	☐ L'infirmière
☐ Le directeur délégué à la formation professionnelle	☐ Une personne ressource	☐ Le chef d'établissement
☐ Un psychologue	☐ Un professeur	☐ Le CPE
☐ Un parent d'élève	☐ Un élève	☐ Autres :
☐ Un ancien élève	☐ Un adulte de la réserve citoyenne	

Les visites que j'ai effectuées :

☐ Un salon	☐ Autre dans le cadre d'une sortie	☐ Un magasin
☐ Un forum	☐ Une entreprise	☐ Une rue marchande
☐ Un meeting	☐ Un entrepôt	☐ Un centre commercial
☐ Un terrain de stage	☐ Un atelier	☐ Une zone d'activité commerciale
☐ Le lycée	☐ Une conférence	☐ Autres :

Les recherches que j'ai pu effectuer : site, application, réseaux sociaux :

☐ Un produit/un service	☐ Un site d'une entreprise/d'une enseigne
☐ Un site dédié aux stages, à l'emploi	☐ Le site du lycée
☐ Un site dédié à la poursuite d'étude	☐ Le(s) site(s) de l'éducation nationale
☐ Un site dédié aux métiers	☐ Autres :

Je souhaite aller en Première :

☐ Métiers de l'accueil	☐ Métiers du commerce et de la vente Option A	☐ Métiers du commerce et de la vente Option B

Mes qualités/compétences pour y aller :

Ce que je dois améliorer pour y aller :

COMPÉTENCE 12

Découvrir les métiers de la relation client

La découverte des métiers commerciaux

SITUATION

Vous venez d'intégrer la famille des Métiers de la Relation Client. En classe de seconde professionnelle, vous allez découvrir les différents métiers que propose cette filière.

En découvrant ces métiers, vous allez pouvoir connaître et distinguer les emplois qui s'offrent à vous, identifier les secteurs d'activité dans lesquels vous pourrez exercer et avoir une idée des différentes opportunités de carrière envisageables, notamment si vous décidez de poursuivre vos études post-bac.

Cette phase de découverte a pour objectif d'opérer un choix en cours et en fin d'année, afin d'intégrer le cursus qui répondra le mieux à vos aspirations en classes de première et terminale.

Activité 1 Distinguer les métiers de la relation client

Vous vous intéressez à la famille des Métiers de la Relation Client. Vous allez découvrir les trois types de métiers, vous les appréhenderez et les distinguerez.

Prenez connaissance du **document 1**, de l'**annexe 1**, puis effectuez la tâche demandée.

Document 1 Les métiers de la relation client

Métier n° 1	Métier n° 2	Métier n° 3

Votre tâche

- Complétez l'**annexe 1** : indiquez, selon vous, la formation à poursuivre pour effectuer ces métiers :
  a) Accueil,
  b) Commerce et Vente – option A (Animation et gestion de l'espace commercial),
  c) Commerce et Vente – option B (Prospection clientèle et valorisation de l'offre commerciale).

Annexe 1 Distinguer les métiers de la relation client

Métier n° 1	Métier n° 2	Métier n° 3

Activité 2 Découvrir les métiers de l'accueil

Vous venez d'intégrer la classe de seconde et vous avez eu l'occasion, au travers de rencontres et d'échanges, d'appréhender la famille des métiers de la relation client, notamment les métiers de l'accueil. Vous vous intéressez à ces métiers et vous souhaitez obtenir davantage d'information.

Prenez connaissance des **document 2** et **3**, de l'**annexe 2**, puis effectuez la tâche demandée.

Document 2 La fiche de poste des métiers de l'accueil

Appellations du métier	Chargé(e) d'accueil Agent(e) d'information touristique Agent(e) d'information Agent(e) d'accueil et d'information (dans la fonction publique : mairie, préfecture, hôpitaux, etc.) Hôte(sse) d'accueil Technicien(ne) d'accueil	Hôte(sse) d'accueil en entreprise Hôte(sse) en événementiel Steward/Hôtesse au sol Standardiste Téléopérateur(trice) Téléconseiller(ère) Employé(e) d'accueil Réceptionniste
Secteur d'activité	L'accueil est présent dans toutes les organisations (secteurs marchands et non-marchands) recevant du public et/ou du trafic téléphonique. L'accueil est clairement identifié dans les petites et moyennes entreprises, dans tous les grands groupes et dans les organismes publics. Dans les très petites entreprises, l'accueil est souvent une activité intégrée à d'autres fonctions.	
Les différents types d'accueil	• L'accueil en entreprise • L'accueil événementiel • L'animation et la promotion des ventes • L'accueil dans les transports (aéroports et gares)	
Conditions de travail	Les conditions de travail sont très variables. Lorsque l'accueil est assuré par le personnel de l'organisation, les horaires sont adaptés à ses horaires d'ouverture et de fermeture. Lorsque l'accueil est assuré par un prestataire de services, les horaires sont adaptés aux missions. Certaines activités ponctuelles et/ou récurrentes peuvent imposer des contraintes de mobilité et des horaires en soirée et le week-end. Le personnel d'accueil est amené à travailler seul ou en équipe et à collaborer avec d'autres personnels de l'organisation. Le personnel d'accueil, par sa tenue professionnelle et sa posture, est un ambassadeur de l'organisation et de sa stratégie de communication.	
Évolution professionnelle	L'évolution des personnels d'accueil est fortement liée à la taille et à l'activité de l'organisation. Ainsi, lorsque cette évolution est centrée sur l'accueil, elle intègre alors une dimension managériale : coordonnateur, responsable d'équipe, responsable de service « accueil », ou « standard », responsable d'équipe, de site ou d'agence, superviseurs…	

Référentiel Bac Pro Métiers de l'accueil

Document 3 Photo-langage

❶

❷

❸

Votre tâche

1. Regardez et analysez chacune des photos.
2. Complétez l'**annexe 2** en indiquant pour chaque photo :
   a) l'intitulé du poste,
   b) l'attitude, la posture et la tenue professionnelle de l'agent d'accueil,
   c) les missions et lieux d'exercice de leur activité,
   d) les outils utilisés pour exercer leur activité.
3. Indiquez si ces métiers se rapprochent de votre projet professionnel. Justifiez.

Annexe 2 Analyser les métiers de l'accueil

Éléments d'analyse	Photo 1	Photo 2	Photo 3
L'intitulé du poste			
L'attitude, la posture, la tenue professionnelle			
Les missions			
Les outils utilisés			
Ce métier correspond à mes aspirations, à mon projet professionnel	☐ Oui ☐ Non	☐ Oui ☐ Non	☐ Oui ☐ Non
Justification			

Activité 3 Découvrir les métiers du commerce : animation et gestion de l'espace commercial

Vous continuez de découvrir d'autres métiers de la relation client. Vous vous intéressez aux métiers du commerce et de la vente – option A, animation et gestion de l'espace commercial. Vous souhaitez obtenir davantage d'information.

Prenez connaissance des **documents 4** et **5**, de l'**annexe 3**, puis effectuez la tâche demandée.

Document 4 La fiche de poste des métiers du commerce et de la vente – option A

Appellations des métiers communs aux deux diplômes	Vendeur(se) conseil Conseiller(ère) en vente Conseiller(ère) commercial(e) Assistant(e) commercial(e)	Télé-conseiller(ère) Assistant(e) administration des ventes Chargé(e) de clientèle
Appellations des métiers de l'option A	Employé(e) commercial Vendeur(se) qualifié(e)	Vendeur(se) spécialisé(e)
Secteur d'activité	Le salarié peut exercer ses activités dans tous types d'organisations à finalité commerciale ou disposant d'un service commercial ou d'une direction relation client. Ces organisations s'adressent aussi bien à une clientèle de particuliers (grand public) qu'à des utilisateurs et des prescripteurs professionnels (entreprises, administrations, professions libérales, artisans, distributeurs…).	
Conditions générales d'exercice	L'activité s'exerce auprès d'une clientèle actuelle et potentielle de l'entreprise. Essentiellement au sein d'une unité commerciale, physique ou à distance, de toute taille, généraliste ou spécialisée, dans laquelle peuvent être réalisées des opérations de production, de transformation ou de distribution. Cette activité peut se dérouler sur des horaires variables, avec une certaine amplitude, en relation avec le rythme de l'activité commerciale de l'entreprise, elle s'exerce le plus souvent en station debout. Le salarié doit faire preuve du sens de l'accueil, de qualités d'écoute et de disponibilité. Il doit adopter des comportements et des attitudes conformes à la diversité des contextes relationnels, notamment au niveau des codes vestimentaires et langagiers. Il doit respecter les règles de confidentialité et de déontologie professionnelle. Il doit pouvoir travailler en équipe tout en faisant preuve d'autonomie et de responsabilité.	
Possibilité d'évolution	Le titulaire peut évoluer, avec de l'expérience, vers des emplois de : – chef des ventes, chef d'équipe, – manager de rayon, responsable de secteur, – directeur adjoint de magasin, directeur de magasin.	

Référentiel Bac Pro Métiers du Commerce et de la Vente

Document 5 Photo-langage

Votre tâche

1. Prenez connaissance des missions d'une conseillère en vente.
2. Complétez l'**annexe 3** en indiquant : l'intitulé du poste ; l'attitude, la posture et la tenue professionnelle de la conseillère en vente ; les missions et le lieu d'exercice de son activité ; les outils utilisés pour exercer son activité.
3. Indiquez si ces métiers se rapprochent de votre projet professionnel. Justifiez.

Annexe 3 Analyser les métiers du commerce et de la vente – option A

Éléments d'analyse	Réponses
L'intitulé du poste	
L'attitude, la posture et la tenue professionnelle	
Les missions	
Le lieu d'exercice	
Les outils utilisés	
Ce métier correspond à mes aspirations, à mon projet professionnel	☐ Oui ☐ Non
Justification	

Activité 4 Découvrir les métiers de la vente : prospection clientèle et valorisation de l'offre commerciale

Vous continuez à vous intéresser aux métiers de la relation client et vous souhaitez obtenir des renseignements sur les métiers du commerce et de la vente - option B, Prospection clientèle et valorisation de l'offre commerciale.

Prenez connaissance des **documents 6** et **7**, de l'**annexe 4**, puis effectuez la tâche demandée.

Document 6 La fiche de poste des métiers du commerce et de la vente – option B

Appellations des métiers communs aux deux diplômes	Vendeur(se) conseil Conseiller(ère) en vente Conseiller(ère) commercial(e) Assistant(e) commercial(e)	Télé-conseiller(ère) Assistant(e) administration des ventes Chargé(e) de clientèle
Appellations des métiers de l'option B	Conseiller(ère) relation client à distance Conseiller(ère) en vente directe Vendeur(se) à domicile indépendant	Commercial(e) Représentant(e) commercial(e)
Secteur d'activité	Le salarié peut exercer ses activités dans tous types d'organisations à finalité commerciale ou disposant d'un service commercial ou d'une direction relation client. Ces organisations s'adressent aussi bien à une clientèle de particuliers (grand public) qu'à des utilisateurs et des prescripteurs professionnels (entreprises, administrations, professions libérales, artisans, distributeurs…).	
Conditions générales d'exercice	Son activité nécessite soit des déplacements en visite de clientèle, y compris démarchage à domicile, soit une relation client à distance sur des horaires de travail d'une amplitude variable. Possibilité d'exercer son activité au sein de l'entreprise, pour accueillir les clients ou pour réaliser des tâches de préparation et de suivi des ventes. Il organise son travail en autonomie. Il fait preuve d'initiative, de dynamisme et de persévérance. Sa mobilité géographique ou fonctionnelle est encouragée. Il met en œuvre des techniques de prospection, des techniques relationnelles et techniques de vente. Il peut être conduit à travailler en équipe au sein de l'organisation pour atteindre des objectifs fixés. Il doit adopter des comportements et des attitudes conformes à la diversité des contextes relationnels, notamment au niveau des codes vestimentaires et langagiers. Une partie de sa rémunération est en général variable, proportionnelle aux ventes, au développement de sa clientèle, à l'évolution de son chiffre d'affaires de l'entreprise, et à la satisfaction de sa clientèle.	
Possibilité d'évolution	Le titulaire peut évoluer, avec de l'expérience, vers des emplois de : – chargé de prospection, avec l'encadrement d'équipes de prospecteurs, – délégué commercial, avec la responsabilité d'un secteur, d'un produit ou d'un service, – technico-commercial avec la vente de produits et de services à forte technicité, – chef des ventes, responsable de secteur.	

Référentiel Bac Pro Métiers du Commerce et de la Vente

Document 7 La journée type d'un agent commercial

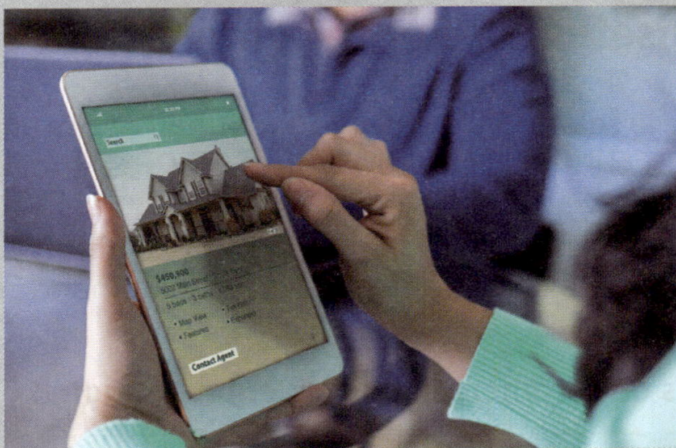

Lorsqu'il arrive à l'agence, l'agent immobilier, appelé aussi le négociateur-démarcheur, commence sa journée par la consultation des annonces publiées sur Internet ou dans les magazines spécialisées. Il doit se tenir informé des ventes et des opportunités qui se présentent dans son secteur et pouvoir renseigner les clients potentiels.
Par la suite, il doit contacter les loueurs et/ou les vendeurs et les convaincre de lui laisser la gestion de leur bien. C'est un aspect commercial qui s'apparente à la négociation (prix du bien, commission, etc.).

Une fois la tâche des annonces effectuée, l'agent immobilier se rend sur le « terrain » : il s'emploie à mener des missions de prospection : rechercher des biens à la vente, des appartements en gestion locative, généralement en matinée pour augmenter ses chances de rentrer en contact avec des particuliers et des professionnels (facteur, gardien, commerçants, clients potentiels).
Pour ce faire, il rentre en contact avec eux en déposant des prospectus et des cartes de visite.
La prospection comportera une grande part de suivi et de relance, notamment par téléphone dans la journée et/ou en début de soirée.
Si la collaboration est conclue, il s'agira alors d'un « mandat » qui officialisera la prestation commerciale (bien à vendre).
Puis, il doit mener des visites pour les futurs clients potentiels en quête d'une location ou d'un achat. Pour ce faire, il doit gérer rigoureusement son agenda.

Il doit connaître les spécificités de chacun des biens qu'il fait visiter pour pouvoir répondre à toutes les questions, parfois très pointues, de la part des visiteurs. Par exemple, la consommation énergétique, l'ambiance du quartier, la proximité des commerces, la logistique des transports en commun, la date des derniers travaux de plomberie, d'électricité, etc.
Si une visite est positive, il doit mettre en œuvre ses talents de négociateur car son salaire en dépend (partie variable avec les commissions). Il faut envisager l'agent immobilier comme un « tampon » entre le vendeur et le client.

http://metiers-entreprise.com

Votre tâche

1. Prenez connaissance de la journée type d'un agent commercial.
2. Complétez l'**annexe 4** en indiquant :
   a) l'intitulé du poste,
   b) l'attitude, la posture et la tenue professionnelle de l'agent commercial,
   c) les missions et les lieux d'exercice de son activité,
   d) les outils utilisés pour exercer son activité.
3. Indiquez si ces métiers se rapprochent de votre projet professionnel. Justifiez.

Annexe 4 Analyser les métiers du commerce et de la vente – option B

Éléments d'analyse	Réponses
L'intitulé du poste	
L'attitude, la posture et la tenue professionnelle	
Les missions	
Le lieu d'exercice	
Les outils utilisés	
Ce métier correspond à mes aspirations, à mon projet professionnel	☐ Oui ☐ Non
Justification	

Activité 5 Découvrir les métiers de la relation client durant sa période de formation en milieu professionnel

Vous avez effectué votre période de formation en entreprise et vous souhaitez faire le bilan de cette activité.

Prenez connaissance de l'**annexe 5**, puis complétez-la.

Annexe 5 Analyser et faire le bilan de sa période de formation en milieu professionnel

Mon lieu de stage			
Le poste occupé			
Les activités et missions réalisées	☐ Accueillir le client ☐ Conseiller le client ☐ Proposer un produit ☐ Proposer un service ☐ Animé, mettre en rayon, réapprovisionner	☐ Étiqueter les produits ☐ Vendre ☐ Prospecter/contacter les clients ☐ Négocier	☐ Suivre/relancer les clients ☐ Gérer les conflits/les réclamations ☐ Gérer les stocks ☐ Gérer les dossiers clients
Les personnes rencontrées et leur poste dans l'organisation			

Mon bilan

Deuxième trimestre et/ou troisième trimestre

Mon entretien de positionnement ou de détermination :

....

....

....

Les personnes que j'ai rencontrées :

☐ Un professionnel	☐ Un recruteur (stage)	☐ L'infirmière
☐ Le directeur délégué à la formation professionnelle	☐ Une personne ressource	☐ Le chef d'établissement
☐ Un psychologue	☐ Un professeur	☐ Le CPE
☐ Un parent d'élève	☐ Un élève	☐ Autres :
☐ Un ancien élève	☐ Un adulte de la réserve citoyenne	

Les visites que j'ai effectuées :

☐ Un salon	☐ Autre dans le cadre d'une sortie	☐ Un magasin
☐ Un forum	☐ Une entreprise	☐ Une rue marchande
☐ Un meeting	☐ Un entrepôt	☐ Un centre commercial
☐ Un terrain de stage	☐ Un atelier	☐ Une zone d'activité commerciale
☐ Le lycée	☐ Une conférence	☐ Autres :

Les recherches que j'ai pu effectuer : site, application, réseaux sociaux :

☐ Un produit/un service	☐ Un site d'une entreprise/d'une enseigne
☐ Un site dédié aux stages, à l'emploi	☐ Le site du lycée
☐ Un site dédié à la poursuite d'étude	☐ Le(s) site(s) de l'éducation nationale
☐ Un site dédié aux métiers	☐ Autres :

Je souhaite aller en Première :

☐ Métiers de l'accueil	☐ Métiers du commerce et de la vente Option A	☐ Métiers du commerce et de la vente Option B

Ce que je dois améliorer ou parfaire encore pour y aller :

Mes comportements	Mes capacités	Mes compétences
☐ Mon attitude professionnelle ☐ Mon langage ☐ Ma timidité et ma réserve ☐ Mon sourire ☐ Ma disponibilité ☐ Ma concentration	☐ Écouter et comprendre les directives de travail ☐ Demander de l'aide si je ne comprends pas la tâche, la mission ☐ Être autonome ☐ Travailler en équipe ☐ Être dynamique et actif ☐ Faire preuve d'initiative	☐ Améliorer les techniques relationnelles et d'accueil ☐ Améliorer les techniques de vente ☐ Améliorer les techniques de prospection

COMPÉTENCE 13

Déterminer son projet professionnel

Expérimenter et choisir sa formation

SITUATION

L'année de seconde est bien amorcée. Votre projet se construit petit à petit.
Vous rencontrez des professionnels, effectuez des visites d'entreprise, visitez des forums et des salons, et accomplissez vos périodes de formation en milieu professionnel pour vous former aux pratiques commerciales de l'organisation et à la culture de l'entreprise.
Ces occasions vous permettent de découvrir des métiers, d'appréhender des environnements professionnels, d'établir des relations commerciales avec le client et bien sûr, de vous familiariser avec les produits et les services de l'organisation dans laquelle vous êtes affecté(e).
Votre projet est déjà déterminé ou encore à consolider, ces échanges vont vous permettre de vous diriger vers la spécialité correspondant le mieux à vos aspirations.
Aussi, il est intéressant d'établir un fiche synthèse des représentations que vous avez du monde professionnel et des compétences consolidées jusque là. Vous allez rendre compte de vos travaux sous la forme de fiches.

Activité 1 Déterminer son projet professionnel au sein d'une structure

Votre projet professionnel se construit petit à petit au travers de rencontres et d'échanges avec des professionnels. En visite ou en période de formation, vous établissez différentes fiches. Elles vont vous permettre de consolider votre projet professionnel.

Prenez connaissance du **document 1**, des **annexes 1** à **5**, puis effectuez la tâche demandée.

Document 1 Les fiches

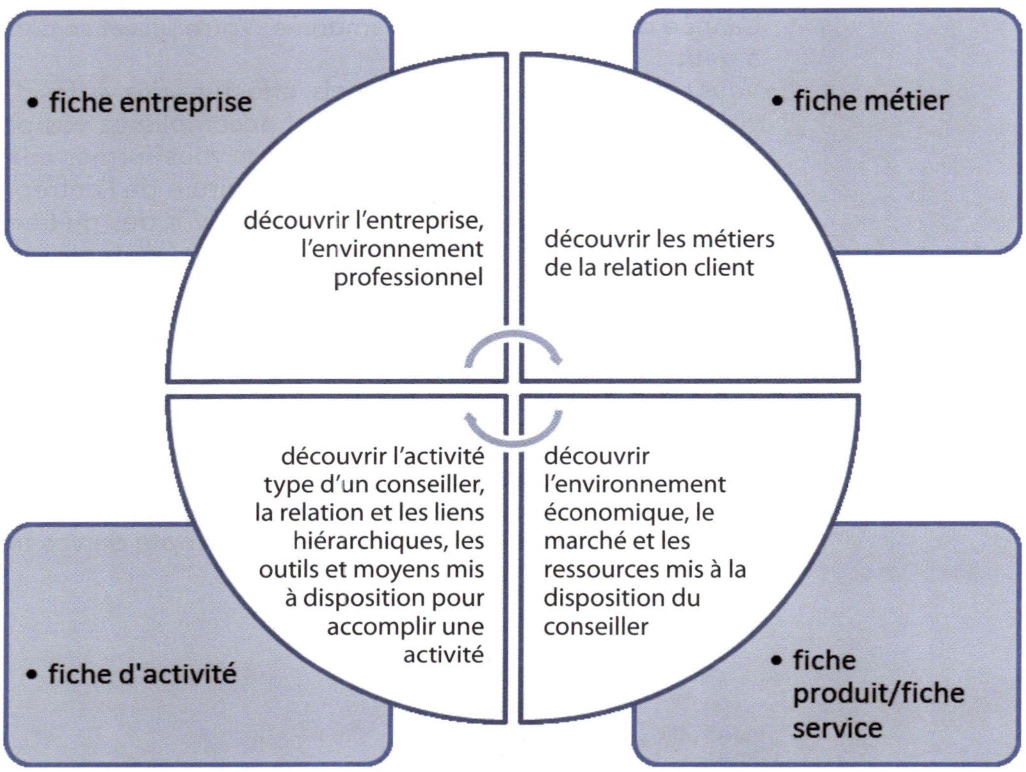

Votre tâche

Lors de vos visites ou de vos deux PFMP :

1. Complétez la fiche de l'entreprise ou de l'organisation qui vous accueille en PFMP (**annexe 1**).
2. Rédigez une fiche métier (**annexe 2**).
3. Rédigez une fiche d'activité professionnelle (**annexe 3**).
4. Complétez la fiche produit (**annexe 4**) ou la fiche service (**annexe 5**).

À votre retour de visite ou de PFMP :

5. Effectuez la présentation à l'aide d'un logiciel de traitement de texte et de présentation assistée par ordinateur.
6. Présentez votre fiche (à la classe, devant une commission, lors de votre oral de positionnement, etc.)

Annexe 1 Fiche entreprise ou organisation

Éléments d'identification			
Dénomination sociale			
Adresse postale		Adresse Internet	
Autres adresses (réseaux sociaux)		N° de téléphone	
N° d'identification au RCS			
Nom du responsable		Fonction du responsable	
Mail du tuteur		N° de téléphone	
Capital (en €)		Chiffre d'affaires	
Organigramme	Joindre ou construire l'organigramme (du service dans lequel vous êtes)	Effectif total	

Activité			
Activité principale			
Type d'activité	☐ Administration	☐ Association	☐ Entreprise
Nature des biens échangés	☐ Bien	☐ Service : ☐ marchand ☐ non marchand	
La clientèle/les usagers : sexe, âge, CSP, revenus, budget, motivation, fréquence, etc.			
Les produits/les services offerts		Concurrents/partenaires	
Les atouts de l'entreprise/de l'organisme			
Éléments permettant de conforter mon projet professionnel			

Annexe 2 Fiche métier

Métier	
Appellation du métier	
Secteur d'activité	
Statut	☐ Salarié ☐ Indépendant ☐ Artisan/commerçant ☐ Fonctionnaire ☐ Libéral
Activités	
Nature du travail : Que fait-on ? En quoi consiste le travail ?	
Les différentes tâches réalisées	
Les outils utilisés, matériels, supports, etc.	
Conditions de travail	
Le(s) lieu(x) d'exercice	
Mobilité	☐ Sédentaire ☐ Mobile
La place dans la hiérarchie	
Le travail	☐ En équipe ☐ En autonomie
Conditions de travail : horaires, environnement, contraintes, risques, etc.	
Compétences requises	
Savoirs : « Ce qu'il sait »	
Savoir-faire : « Ce qu'il sait faire »	
Savoir être : « Ce qu'il est »	
Carrière : évolution professionnelle et mobilité	
Salaires en début de carrière, évolution(s)	
Métiers proches, similaires	
Métiers envisageables si évolution et promotion	
Formation	
Formations requises (niveau, diplômes, formation, etc.)	
Formations possibles en cours d'activité (formation continue, autres, etc.)	

Annexe 3 Fiche descriptive d'activité professionnelle

Activité réalisée	
Axe de formation : ☐ Accueil ☐ Animation et gestion de l'espace commercial ☐ Prospection clientèle et valorisation de l'offre commerciale	
Identification de l'entreprise/l'organisme	**Période de la PFMP**
Dénomination : Adresse : Nom du responsable du service :	Du : Au : Date de réalisation de la fiche :
Situation professionnelle	
Personnes concernées : ... ... Description de la situation : ... ... Les tâches à accomplir : ... ... Les résultats attendus par l'entreprise/l'organisme :	
Action du stagiaire	
Les moyens et la démarche mis en œuvre : ... ... Les résultats obtenus : ... ... Les difficultés éventuelles rencontrées, les solutions adoptées :	
Difficultés	**Solutions**
Règles à tirer de l'expérience :	
Sur le plan professionnel (ce que j'ai appris, les compétences développées, mon projet de formation)	**Sur le plan personnel (relationnel, émotionnel, etc.)**

Annexe 4 Fiche produit

Fiche produit

Joindre la photo du produit

Identification				
	Désignation			
	Marque		Modèle	
	Fabricant		Référence (ou code EAN)	
Caractéristiques techniques				
	Description du produit			
	Forme, coupe		Composition, matières	
	Dimensions, taille, poids, etc.		Lieu de fabrication	
	Autre : Pointure/Puissance		Signe ou label de qualité, de norme, de provenance	
	Couleurs/Coloris		Accessoires	
	Conseils d'utilisation		Entretien	
Caractéristiques commerciales				
	Prix		Lieux de vente, canaux de distribution	
	Conditionnement		Mode de règlement	
	Garantie			

Ventes additionnelles				
	Produits additionnels (complémentaires et supplémentaires)		Produits de remplacement	
Caractéristiques psychologiques				
	Besoin (selon Maslow)	☐ physiologique ☐ de sécurité	☐ d'appartenance ☐ d'estime	☐ de réalisation de soi
	Mobile d'achat (SONCAS)	☐ Sécurité ☐ Confort	☐ Orgueil ☐ Argent	☐ Nouveauté ☐ Sympathie
	Motivation		Frein	
	Clientèle ciblée (âge, sexe, revenus)			
Avantages produit pour le client				

Annexe 5 Fiche service

Fiche service

Joindre la photo du service

Identification				
	Désignation de la prestation offerte			
	Marque		Référence (ou code EAN)	

Caractéristiques techniques				
	Description du service			
	Type de service	☐ Principal	☐ Complémentaire	☐ Supplémentaire

Caractéristiques commerciales				
	Prix		Validité (durée, activation, etc.)	
	Place dans la prestation offerte	☐ avant la vente	☐ pendant la vente	☐ après la vente
	Lieu de souscription	☐ en face à face		☐ à distance
	Matérialisation du service et conditionnement	☐ emballage, blister, coffret, etc.	☐ carte, badge, facture, e-billet	☐ autre :
	Garantie		Conditions d'utilisation	
	Conseils d'utilisation, de mise en service, de mise à disposition		Accessoires	

Vente additionnelle				
	Produits et services (complémentaires et supplémentaires)		Produits et services de remplacement	

Autres services associés				
	Services gain de temps	☐ Proximité ☐ Facilité d'accès ☐ Horaire	☐ Choix ☐ Disponibilité des produits	☐ Passage rapide ☐ Livraison ☐ Délais ☐ Autre :
	Services d'accueil, de confort	☐ Accueil personnalisé ☐ Disponibilité du personnel ☐ Conseil	☐ Mise à disposition ; sachet, emballage, paquet, garde ☐ Espace d'accueil et de confort	☐ Remboursement facilité ☐ Délai réduit ☐ Autre :
	Services d'information et de conseil	☐ Affichage, vitrine, borne ☐ Fiches, modes d'emploi, astuces…	☐ Origine ☐ Certificat ☐ Numéro du service commercial	☐ Envoi d'un mail ou d'un SMS ☐ Application ☐ Autre :
Caractéristiques psychologiques				
	Besoin (selon Maslow)	☐ physiologique ☐ de sécurité	☐ d'appartenance ☐ d'estime	☐ de réalisation de soi
	Mobile d'achat (SONCAS)	☐ Sécurité ☐ Confort	☐ Orgueil ☐ Argent	☐ Nouveauté ☐ Sympathie
	Motivation		Frein	
	Clientèle ciblée (âge, sexe, revenus)			
Avantages produit pour le client				

Mon bilan
Deuxième et/ou troisième trimestre

Mon entretien de positionnement ou de détermination :

....

....

....

Les personnes que j'ai rencontrées :

☐ Un professionnel	☐ Un recruteur (stage)	☐ L'infirmière
☐ Le directeur délégué à la formation professionnelle	☐ Une personne ressource	☐ Le chef d'établissement
☐ Un psychologue	☐ Un professeur	☐ Le CPE
☐ Un parent d'élève	☐ Un élève	☐ Autres :
☐ Un ancien élève	☐ Un adulte de la réserve citoyenne	

Les visites que j'ai effectuées :

☐ Un salon	☐ Autre dans le cadre d'une sortie	☐ Un magasin
☐ Un forum	☐ Une entreprise	☐ Une rue marchande
☐ Un meeting	☐ Un entrepôt	☐ Un centre commercial
☐ Un terrain de stage	☐ Un atelier	☐ Une zone d'activité commerciale
☐ Le lycée	☐ Une conférence	☐ Autres :

Les recherches que j'ai pu effectuer : site, application, réseaux sociaux :

☐ Un produit/un service	☐ Un site d'une entreprise/d'une enseigne
☐ Un site dédié aux stages, à l'emploi	☐ Le site du lycée
☐ Un site dédié à la poursuite d'étude	☐ Le(s) site(s) de l'éducation nationale
☐ Un site dédié aux métiers	☐ Autres :

Je souhaite aller en Première :

☐ Métiers de l'accueil	☐ Métiers du commerce et de la vente Option A	☐ Métiers du commerce et de la vente Option B

Mes qualités/compétences développées pour y aller :

☐ Initiative ☐ Autonomie ☐ Rigueur	☐ Réactivité ☐ Esprit d'équipe	☐ Appliquer les règles ☐ Être disponible
☐ Écoute ☐ Empathie ☐ Patient ☐ Gérer son stress, gérer les conflits ☐ Observer ☐ Être pro-actif ☐ Être courtois	☐ Être vigilant ☐ Être créatif ☐ Être force de proposition ☐ Écoute ☐ Empathie ☐ Dynamique ☐ Organisé	☐ Faire preuve d'anticipation ☐ Être méthodique ☐ Être objectif ☐ Être curieux ☐ Être persévérant ☐ Être créatif ☐ Être force de proposition

Ce que je dois améliorer ou parfaire encore pour y être à l'aise à la rentrée :

Impression & brochage SEPEC - France
Numéro d'impression : 19297190413 - Dépôt légal : avril 2019